Lo que están diciendo acerca del ministerio de Tom Brown:

"Cada semana el pastor Tom Brown libera docenas de almas de las garras de Satanás".

—El Canal de Historia, 2007

"El domingo por la mañana, en la ciudad de El Paso, Texas, los demonios son echados fuera de los creyentes arrepentidos".

—Programa 20/20 de la cadena ABC de televisión, 2007

"Tom Brown está en el frente de batalla, peleando en contra de Satanás, dirigiendo la pelea en contra de la maldad, que parece tener tantas almas aprisionadas en el tormento, que están buscando alguna forma de liberación".

—Programa MSNBC Investiga, 2007

"Si alguien es especialista en liberaciones, esa persona es Tom Brown. Este libro abre nuevas opciones, y muestra claramente al lector cómo poder ser libre. Léelo y prepárate a experimentar el poder de Dios y a vivir la vida victoriosa, que el Señor preparó para ti".

—Dennis Tinerino, profeta y evangelista, Dennis Tinerino Ministries, Mr. América, Cuatro veces Mr. Universo

"Este libro es excelente. Yo aprecio mucho la perspectiva bíblica con relación a lo demoníaco, y a la manera de poder lidiar en forma efectiva con los retos que los cristianos tenemos con éste medio ambiente invisible".

—Willard Thiessen, anfitrión del programa *It's a New Day*

"A pesar de la actitud prevaleciente de la cultura moderna, ¡el diablo y los demonios son algo real! Tom Brown trae una perspectiva fresca y muy práctica acerca de cómo tratar con estos seres a través de la guerra espiritual. Este libro no solo está basado muy firmemente en las verdades bíblicas, sino que también ha sido escrito bajo el fundamento de la experiencia práctica de liberar grandes números de gentes de las actividades destructivas de los demonios. Este es un libro que debe ser leído por cualquier persona que tome en serio el hecho de poder entender el tema de lo demoníaco, que por mucho tiempo ha sido muy mal entendido. Yo sé que Tom Brown es una persona de integridad; él es un hombre que sabe de lo que está hablando, ¡y yo definitivamente recomiendo éste libro!"

—Pastor Brandon Honeycutt
Iglesia All Nations, en San Antonio, Texas

EL DIABLO

LOS DEMONIOS

y la GUERRA ESPIRITUAL

EL
DIABLO
LOS
DEMONIOS
y la
GUERRA
ESPIRITUAL

**Poder para enfrentar y derrotar
a las fuerzas demoníacas**

TOM BROWN

WHITAKER
HOUSE

A menos que se indique lo contrario, todas las citas bíblicas fueron tomadas de
La Biblia de las Américas®, LBLA®, © 1986, 1995, 1997 por The Lockman Foundation.
Usadas con permiso. Derechos reservados. (www.LBLA.org). Las citas bíblicas
marcadas (NVI) son tomadas de la *Santa Biblia, Nueva Versión Internacional*, NVI®
© 1999 por la Sociedad Bíblica Internacional. Usadas con permiso. Todos los
derechos reservados. Las citas bíblicas marcadas (RVR) son tomadas de la versión
Santa Biblia, Reina-Valera 1960 © 1960 Sociedades Bíblicas en América Latina;
© renovado 1988 Sociedades Bíblicas Unidas. Usado con permiso.

Los nombres y los detalles de identificación de algunos individuos
en este libro han sido cambiados.

Traducción al español realizada por:
Sí Señor, We Do Translations   Jorge Jenkins
P.O. Box 62   TEL: (302) 376–7259
Middletown, DE 19709 E.U.A.   E-mail: sisenortra@aol.com

El Diablo, los Demonios y la Guerra Espiritual:
Poder para enfrentar y derrotar a las fuerzas demoníacas

Publicado originalmente en inglés bajo el título:
Devil, Demons, and Spiritual Warfare:
Power to Engage and Defeat Demonic Forces

Tom Brown Ministries
P.O. Box 27275
El Paso, TX 79926
www.tbm.org

ISBN: 978-1-60374-124-8
Impreso en los Estados Unidos de América
© 2008 por Tom Brown

Whitaker House
1030 Hunt Valley Circle
New Kensington, PA 15068
www.whitakerhouse.com

Library of Congress Cataloging-in-Publication Data
Brown, Tom, 1963–
  [Devil, demons, and spiritual warfare]
  El diablo, los demonios, y la guerra espiritual : poder para enfrentar y derrotar a las
fuerzas demoniacas / por Tom Brown ; [traducción al español por Jorge Jenkins].
    p. cm.
  Summary: "Tom Brown maintains that the Christian church has forgotten that it shares
the mission of Jesus Christ: to engage in spiritual warfare in order to defeat the adversary
of this world, Satan and his demons"—Provided by publisher.
  ISBN 978-1-60374-124-8 (trade pbk. : alk. paper) 1. Devil—Christianity.
2. Spiritual warfare. I. Title.
  BT982.B7613 2009
  235'.4—dc22
                          2009015200

3 4 5 6 7 8 9 10 11 12 **UJ** 17 16 15 14 13 12 11 10

Reconocimientos

Primeramente, quiero darle gracias a mi Poderoso Señor Jesucristo por haberme liberado, y por haberme dado la capacidad de ayudar a otros a que también sean liberados.

Sonia, te quiero dar gracias por estar a mi lado todo este tiempo, por veinticinco años como mi fiel compañera.

Mi gratitud para dos grandes y maravillosas mujeres que revisaron el libro y ofrecieron sugerencias invaluables: Anne Amaro y Gail Walsh.

Finalmente, quiero darles las gracias a los miembros de la iglesia Word of Life, que fueron los primeros en recibir el mensaje de este libro, y que me convencieron de que muchas otras gentes podrían ser ayudadas a través de la palabra que Dios me ha dado.

Contenido

Introducción: Libertad para toda la familia 10

Parte I: El diablo
  1. El villano 16
  2. El plan del villano 29
  3. Satanás ha sido desarmado 43

Parte II: Los demonios y la liberación
  4. Cómo echar fuera demonios 62
  5. ¿Acaso los cristianos pueden tener demonios? 79
  6. Puertas abiertas para los demonios 92
  7. Dos puntos de vista muy extremos acerca de
     la liberación 107
  8. Cómo poder vencer a la carne 123

Parte III: La guerra espiritual
  9. ¿Qué son los ángeles caídos? 142
  10. Cómo tratar con los ángeles caídos 158
  11. El campo de batalla de la mente 180
  12. Siete maneras en que los cristianos ceden
      terreno al diablo 190
  13. Por qué caen las gentes cristianas 203
  14. Pensamientos engañosos y delirantes 219
  15. Cómo poner tu mente en orden nuevamente 237
  16. El juicio final de Satanás 251

Acerca del Autor 265

Introducción:

Libertad para toda la familia

Los productores de los programas de televisión de la *Juez Judy* y *Crossing Over* con John Edwards se pusieron en contacto conmigo, para preguntarme si yo estaba interesado en tener mi propio programa de televisión de realidad en el tema de exorcismo. Aunque yo les dije que no estaba listo para una tarea de este tipo, estoy más que listo para ayudarte a encontrar tu libertad y tu victoria en Cristo Jesús.

Yo no soy como la mayoría de la gente que hacen a un lado la realidad del diablo y de los demonios, ¡o que han sugerido que todo esto sólo se encuentra en tu cabeza! Como muchos de ustedes, yo he tenido que encarar al diablo y a su poder. Yo sé lo que significa sentir lo cuando él está respirando su aliento justo ahí detrás de mi cuello y sé lo que significan los sentimientos de no poder sobreponerse a las obras del diablo, pero también sé lo que significa avanzar hacia adelante hacia la victoria, y tú puedes hacer lo mismo. Por la gracia de Dios, he sido usado para liberar a muchos otros del poder de los demonios.

Cindy es un ejemplo. Ella era una madre joven que pasó al frente en una de mis reuniones. Cuando yo fui a orar por ella, ella corrió y huyó, sosteniendo a su bebé en sus brazos.

Había otras personas que iban a bloquear la salida para impedirle que se fuera, pero yo les dije, "déjenla, si es eso lo que ella quiere". Justo entonces, Cindy se congeló en el umbral de la puerta, mirándome, y lo mismo le sucedió en la salida. Yo le dije, "acércate acá y déjame orar por ti. Tú no quieres seguir estando de esta manera, ¿o si quieres?" Después de lo que aproximadamente fue un minuto, ella caminó lentamente hacia mí, y uno de nuestros líderes muy gentilmente tomó al bebé de sus brazos para mantenerlo a salvo.

Después de darle a Cindy una palabra profética, yo hablé directamente a los demonios que se encontraban dentro de ella, y les ordene que la dejaran. Ella dejó salir un grito muy agudo y se cayó en el suelo. Cuando ya se levantó, Cindy estaba completamente libre de sus demonios.

Yo le pregunté, "¿Acaso alguna vez has hecho a Cristo Jesús Señor absoluto de tu vida?" Ella sacudió su cabeza "¿Te gustaría aceptar a Cristo Jesús en este momento?" Con una sonrisa, ella asintió con su cabeza.

A medida que yo iba a guiarla a Cristo Jesús, un hombre joven se aproximó hacia el frente para pararse junto a ella. Él era su marido, y él también, quería aceptar a Cristo Jesús.

Cuando iba a guiarlos a los dos en una oración para que recibieran a Jesucristo en sus corazones, un hombre de mayor edad se acercó y se paró junto a ellos.

"Yo soy su padre. Yo quiero ser salvo también". A medida que los guié a todos en una oración, y toda la familia fue salva y liberada en una misma noche.

Yo creo que este libro te puede dar liberación, no sólo a ti, sino a toda tu familia. Los problemas de Cindy son similares a los problemas de muchas otras personas—depresión, pensamientos de suicidio, enojo, y obsesiones. Tal vez igual que a Cindy, el diablo ha bajado hacia ti con sentimientos de condenación. Tal vez los demonios están diciendo, "tú has ido demasiado lejos como para que puedas recibir ayuda". O tal vez, ellos te han esclavizado con adicciones tan fuertes, que casi se te hace imposible vencerlas con tus propias fuerzas. Tal vez las garras de los demonios te tienen apretado tan fuertemente que tú temes por tu misma vida.

¡Espera un momento! La ayuda viene en camino.

En tus manos tienes un libro que puede traer liberación para ti y para todos tus seres queridos. No te rindas. Dios tiene la respuesta para ti.

Lo que tú vas a aprender

En este libro, he intentado presentar enseñanzas sanas, tanto en el terreno Escritural como en el terreno racional, acerca del diablo, de sus demonios, y de tu liberación. Yo espero que lo que tú aprendas, te pueda dar las respuestas que necesitas para ser liberado y que encuentres la realización en tu vida. Además de esto,

+ Tú vas a aprender por qué es tan importante aprender acerca de Satanás.

+ Tú vas a descubrir lo que le impide a la gente que puedan ver la luz.

+ Tú vas a descubrir el plan que Satanás tiene en contra de ti.

+ Tú vas a reconocer la necesidad que tienes que aceptar el perdón para mantener al diablo lejos de ti.

- ✦ Tú vas a ser capaz de discernir si acaso tú necesitas o no necesitas liberación.

- ✦ Tú vas a ser instruido en la forma de cómo echar fuera demonios.

- ✦ Tú vas a encontrar la respuesta a la pregunta: ¿acaso los cristianos pueden tener demonios?

- ✦ Tú vas a guardarte a ti mismo de llegar a extremos en las prácticas de liberación.

- ✦ Tú vas a ser fortalecido para tomar un control absoluto sobre el campo de batalla que es tu mente.

La forma como este libro está compuesto

Este libro está dividido en tres secciones. La primera sección trata con el líder y general de las fuerzas del mal: Satanás. Tú vas a aprender su estrategia número uno, y la forma como poder vencerla.

En la segunda sección, tú vas a ser equipado con el conocimiento que necesitas para poder echar fuera demonios.

En la tercera sección vamos a tratar con los ángeles caídos. Esta parte es extremadamente importante, porque nos muestra la forma en que trabajan los ángeles caídos, para crear una atmósfera que ayuda a los demonios a llevar a cabo obras diabólicas.

Este libro es valientemente cristiano en la forma en que trata estos temas. Yo no necesito disculparme por creer que *"Y en ningún otro hay salvación, porque no hay otro nombre bajo el cielo dado a los hombres, en el cual podamos ser salvos"* (Hechos 4:12). Otras personas pueden estar debatiendo la inspiración de la Biblia, pero yo simplemente la usé como la

Palabra de Dios para liberar a los cautivos. Si tú estás buscando un libro que tome muy en serio el tema de la guerra espiritual, mientras que al mismo tiempo está manteniendo un punto de vista bíblico y muy bien balanceado, entonces, ¡este libro es para ti!

Parte I

El diablo

Capituló uno

El villano

La cinematografía siempre me ha interesado. Recientemente, tuve mucha curiosidad acerca de cómo poder escribir un buen guión cinematográfico. En mi estudio de mercado, vine a encontrarme con un escritor muy exitoso que me ofreció un consejo muy sabio: el plan del héroe no es tan importante como el papel del villano.

Hubo algo en esas palabras que tocó una cuerda muy dentro de mí. El estaba explicando que a menos que la historia tenga un villano muy fuerte, a nadie le va a importar el héroe potencial de la historieta.

Superman es un gran ejemplo. ¿A alguien acaso le podría importar los poderes que tiene Superman o el amor que siente por Luisa Lane si él no estuviera forzado a pelear en contra del diabólico Lex Luther? ¿Acaso Batman sería tan atractivo sin tener enfrente de él al Guasón? ¿Acaso Luke Skywalker y su aventura sería tan importante si no tuviera en contra de él a Darth Vader? ¿Acaso Clarise parecería ser tan brava si no contara con la oposición de Hannibal Lecter? En otras palabras, los grandes héroes sólo son tan heroicos cuando están encarando a esos grandes villanos. Si no hubiera esa oposición tan fuerte, la grandeza de su carácter permanecería desconocida para nosotros.

El concepto del héroe y del villano es algo que no sólo está hecho para las pantallas del cine. Es algo que también es verdadero en la vida real. Por ejemplo, Winston Churchill es considerado como uno de los más grandes héroes de la historia, no necesariamente por sus teorías políticas y económicas, ni por sus habilidades de oratoria, ni por su mente brillante, sino por qué él fue a la guerra en contra de Adolfo Hitler. Muy pocos pueden recordar el nombre de Churchill el día de hoy, si no fuera porque su fuerte liderazgo fue visto en todo su esplendor durante el conflicto histórico de la Segunda Guerra Mundial.

Ya sea que nos demos cuenta o que no, el concepto del héroe y del villano se juega en el universo espiritual de la misma manera. La más grande historia que jamás ha sido contada es la historia de la respuesta de Dios en contra del plan de Su enemigo que es Satanás. El Evangelio es la respuesta de Dios para los engaños del diablo. Es la demostración del amor de Dios para la humanidad—un amor que hizo que Dios lo arriesgara todo a fin de rescatarnos dé las manos de Satanás.

La más grande historia que jamás ha sido contada es la historia de la respuesta de Dios en contra del plan de Su enemigo que es Satanás.

El plan del diablo era separar a Adán y a Eva de Dios, por medio de tentarlos para que desobedecieran la Palabra de Dios, y que comieran del *"árbol del conocimiento del bien y del mal"* (Génesis 2:17).

Razón y motivo para la encarnación

La intención detrás del plan del diablo era usurpar la autoridad que Dios le había dado a la raza humana. Cuando Dios creó al hombre, Dios le dio dominio sobre toda la creación, diciendo,

> *Y los bendijo Dios, y les dijo: Sed fecundos y multiplicaos, y llenad la tierra y sojuzgadla; ejerced dominio sobre los peces del mar, sobre las aves del cielo y sobre todo ser viviente que se mueve sobre la tierra.* (Génesis 1:28)

Sin embargo, a través del plan del diablo, él fue capaz de anular el dominio que la primera pareja tenía sobre el mundo para venir a apoderárselo. No sólo Adán y Eva no fueron capaces de gobernar a la serpiente, sino que la serpiente se convirtió en el gobernador por encima de ellos.

Por lo tanto, el plan de Dios tenía que ir más allá de solamente perdonar a los pecadores—también tenía que incluir el hecho de volver a establecer el dominio de ellos por encima de Satanás.

Por favor considera las palabras que refiere el apóstol Juan: *"El Hijo de Dios se manifestó con este propósito: para destruir las obras del diablo"* (1ª Juan 3:8). La palabra *propósito* indica un motivo. Demuestra el verdadero motivo de Dios: derrotar y conquistar al diablo, de una vez y para siempre. La mayoría de los cristianos no consideran la derrota del diablo como la médula de la encarnación de Jesús. Sin embargo, Juan la consideró el verdadero motivo de que Jesús haya venido a este mundo.

Es una de mis grandes preocupaciones que el cuerpo de Cristo está dejando a un lado este propósito esencial del Evangelio. Algunos piensan que el cristianismo se vería mucho mejor si el concepto del diablo fuera removido completamente de nuestro mensaje. Por el contrario, yo creo que la iglesia se ve mucho mejor por medio de volver a introducir el plan de nuestro villano. Sólo entonces es que vamos a poder apreciar a Dios como nuestro gran Héroe.

Rescatados de las tinieblas

Alguien tal vez podría decir, "¿acaso el Evangelio no se trata acerca de Dios satisfaciendo su propio sentido de justicia? ¿Qué es lo que esto tiene que ver con derrotar al diablo?" Por supuesto, el Evangelio se trata acerca del perdón de Dios hacia nosotros; sin embargo, este perdón es posible solamente cuando hemos sido rescatados de las garras de las tinieblas que amenazaban con mantenernos en el pecado, y apartarnos para que no llegáramos a buscar el perdón de Dios.

> *Porque El nos libró del dominio de las tinieblas y nos trasladó al reino de su Hijo amado, en quien tenemos redención: el perdón de los pecados.*
> (Colosenses 1:13–14)

La salvación no es otra cosa sino Dios rescatándonos a nosotros de las garras obscuras del diablo. Sólo entonces es que somos capaces de poder ver la verdad: que hemos sido alineados juntamente con el diablo por medio del *pecado*, pero debido al sacrificio de Cristo Jesús por *nuestros pecados*, nuestra conexión con el diablo ha sido rota para siempre.

Una vez que tú llegas a entender el papel que tiene el diablo en mantener a la gente en las tinieblas, tú vas a aprender a apreciar la necesidad urgente y específica de echar fuera demonios de la vida de las gentes. Los demonios son "las tropas de infantería" del diablo, cuya labor principal consiste en mantener a la gente en la oscuridad. Los demonios tienen éxito haciendo esto por medio de cegar a la gente con terribles pecados y con diferentes tipos de circunstancias, hasta que llegan al punto de que sus situaciones parecen ser mucho más grandes que el poder de Dios para perdonarlos y para redimirlos.

Para combatir la obra de los demonios, Jesús le dio una clara Comisión a toda su iglesia, y no solamente a los doce discípulos originales: *"Y estas señales acompañarán a los que han creído: en mi nombre echarán fuera demonios"* (Marcos 16:17). Algunos cristianos tienen problema con esta orden, pero es una orden que debe ser obedecida.

Para hacer esta orden mucho más clara, después de su ascensión, Jesús dio una comisión posterior al apóstol Pablo:

> *Librándote del pueblo judío y de los gentiles, a los cuales yo te envío, para que abras sus ojos a fin de que se vuelvan de la oscuridad a la luz, y del dominio de Satanás a Dios, para que reciban, por la fe en mí, el perdón de pecados y herencia entre los que han sido santificados.* (Hechos 26:17–18)

Éstas no fueron las últimas palabras finales antes de que Jesús ascendiera a lo alto, pero al contrario, son el mandamiento que Él dio al apóstol Pablo después de Su ascensión.

Es muy claro que dice: *"para que abras sus ojos a fin de que se vuelan de la obscuridad a la luz, y del domino de Santanás a Dios"*. Desafortunadamente, el mundo se encuentra completamente desapercibido de que el diablo nos está gobernando con todo su poder. Como creyentes en el Evangelio, hemos recibido las órdenes para liberar a las gentes de la garra poderosa del diablo, de tal manera que ellos puedan recibir *"el perdón de sus pecados"*. La única razón por la cual la gente permanece en sus pecados, es debido a la fuerza oscura que los mantiene ignorando la verdad.

La única razón por la cual la gente permanece en sus pecados, es debido a la fuerza oscura que los mantiene ignorando la verdad.

Salvando a mi abuelo

Habiendo tenido mis orígenes de un hogar destrozado, yo fui criado por mis abuelos. Mi abuelo era un ateo—no sofisticado, pero de todas maneras era un ateo. Yo le dije todo lo que yo sabía y conocía acerca de Dios y acerca de Jesús, que no era mucho por aquel tiempo, pero yo lo compartí con toda la sinceridad que yo pude.

Él discutió conmigo diciendo, "Yo no creo que existe un Dios en los cielos. ¿Puedes ver esta silla? Ésta es Dios. ¿Y puedes ver esta mesa? Esta es Dios también. Este mundo es el único Dios que yo conozco".

Yo le estuve diciendo, "Abuelo, tú estás equivocado. Existe un Dios en los cielos, y Él te ama tanto que mandó a Su Único Hijo Cristo Jesús para salvarte, de tal manera que tú puedas tener vida eterna con Él en los cielos".

"Yo no creo en Cristo Jesús. El solo fue un hombre como cualquiera de nosotros".

Ésas palabras me aplastaron y yo no podía entender cómo es que mi abuelo podía estar tan equivocado y no podía ver quién era Jesús realmente.

Un día, mientras que estaba orando para que Dios salvará a mi abuelo, el Señor Jesucristo me habló y me dijo, "Tom, tú sigues pidiéndome que salve a tu abuelo, de una manera como si tú necesitaras convencerme para que yo lo haga. Yo quiero que él sea salvo también. El problema no está de mi lado. Yo no quiero que nadie se pierda. (Favor de ver 2ª Pedro 3:9). El problema está con el diablo".

En ese momento, el Señor me enseñó el papel que el diablo tiene en mantener alejada a la gente, e impedir que la gente se convierta. En primer lugar, Dios me dirigió a leer 2ª Corintios, que dice,

> En los cuales el dios de este mundo ha cegado el
> entendimiento de los incrédulos, para que no vean
> el resplandor del evangelio de la gloria de Cristo,
> que es la imagen de Dios.   (2ª Corintios 4:4)

El asunto no es que ellos no quieran ver la luz; sino que ellos son *incapaces* de verla. Tú no puedes enojarte con un hombre ciego por el hecho de que no puede apreciar el color de un arco iris, y tampoco puedes enojarte con un pecador que no puede apreciar la gloriosa luz de la gracia de Dios a través de Cristo Jesús. El pecador ha sido *"cegado"*.

En ese día, el Señor Jesús pareció haberme dicho, "Satanás es el dios de todos los incrédulos. No sirve de mucho pedirme a Mí que salve a los incrédulos, porque Yo no soy su Dios personal. Si, yo soy el Dios de toda la raza humana, pero no necesariamente soy el Señor y Salvador de ellos. (Favor de ver Romanos 10:9–10). Ahora, tú puedes pedirme que envíe obreros a los campos de cultivo. (Favor de ver Mateo 9:38). Los obreros son todos Mis hijos, y Yo puedo instruirles en lo que deben hacer, pero no voy a forzar a los incrédulos a que Me acepten—debe ser su propia decisión personal. ¿Qué bien haría que yo tuviera que ordenarles a todos los incrédulos que me aceptaran, si nadie está testificándoles a ellos? Al contrario, debes pedirme que envíe gentes para que se crucen en sus caminos, de tal manera que ellos puedan escuchar el Evangelio".

Entonces, yo le pedí a Dios que enviara gentes a mi abuelo, y cuando lo hice, el Señor pareció decir, "Está bien, te estoy enviando a *ti*. Tú eres el obrero que tiene que trabajar con tu abuelo".

"Pero Señor", yo dije, "yo le he estado testificándole a él; pero él parece no responder a lo que yo le digo".

El Señor respondió, "Si tu abuelo pudiera entender el Evangelio, el amaría la oportunidad para ser salvo. Desafortunadamente, el dios de este siglo ha cegado su mente para que no lo entienda".

"¿Qué es lo que tengo que hacer entonces?"

"Yo te he dado mi autoridad y mi poder para atar al diablo y que deje de cegar la mente de tu abuelo. Debes decirle al diablo en voz alta, '¡yo te ato diablo, para que dejes de cegar la mente de mi abuelo! ¡Deja de hacerlo en este momento, en el nombre de Jesús!'".

"¿Acaso me estás diciendo que la única razón de que mi abuelo no se ha salvado se debe a que el diablo ha cegado su mente?"

"Sí".

"Tú debes darme otra Escritura que pruebe este punto".

El Señor Jesús me llevó a la parábola del sembrador. Él me hizo estudiar a la gente que se encontraba en el camino, y que escucharon la Palabra de Dios: "*Y aquéllos a lo largo del camino son los que han oído, pero después viene el diablo y arrebata la palabra de sus corazones, para que no crean y se salven*" (Lucas 8:12).

El Señor me preguntó, "¿Por qué esas gentes que estaban a lo largo del camino no creyeron y se salvaron?" Yo miré muy cuidadosamente, y entonces pude verlo. La Biblia dice que "*después viene el diablo y arrebata la palabra de sus corazones*". La razón de que ellos no pudieron creer era que el diablo robó la Palabra de Dios de ellos.

"¡Eso es correcto! Muchas gentes de entre Mi pueblo piensan que los incrédulos no se salvan porque ellos escogen no salvarse. La verdad es que, muchos incrédulos podrían escoger ser salvos, si el diablo no robara la Palabra de Dios de sus corazones. Por lo tanto, debes detener al diablo para que no siga robando la Palabra de Dios, por medio de *atarlo completamente*. ¡Átalo completamente con tus palabras! ¡Dile que se pare completamente! Debido a la autoridad que te he dado, él tiene que obedecerte".

De la misma forma en que Pablo fue comisionado y se le dio autoridad "*para que abras sus ojos a fin de que se vuelvan de la oscuridad a la luz, y del dominio de Satanás a Dios, para que reciban, por la fe en mí, el perdón de pecados y herencia entre los que han sido santificados"* (Hechos 16:18), yo tomo ésta comisión en forma muy personal. ¡Nosotros tenemos la misma autoridad Pablo tenía! Podemos hacer que la gente sea liberada del poder del diablo, por medio de atar los esfuerzos del diablo, y por medio de predicarle el Evangelio a cada uno de ellos.

Una vez que el Señor Jesús me mostró esta verdad, yo me dirigí a la recámara de mi abuelo y le dije, "Abuelo, yo me doy cuenta que a ti te gustaría ser salvo, si tú pudieras entender el Evangelio. El diablo es el único que está atando tu mente, por lo tanto, en este momento yo lo ato a él para que se salga de tu vida".

Allí, en su propia recámara, yo le grité al diablo y le dije que tenía que dejar a mi abuelo, quien estaba ahí parado, sin poder decir palabra alguna. Yo me salí de la recámara, teniendo toda la confianza de que mi abuelo iba a ser salvo. De inmediato, se mostró un cambio en el. Finalmente, él llegó a confesar su creencia en la existencia de Dios, aunque el todavía estaba titubeante en aceptar a Jesús como el Hijo de Dios. Sin embargo, más adelante, él comenzó a hablar mucho más acerca de Dios y acerca de Jesús en igualdad de términos.

¡Tenemos la misma autoridad que Pablo tenía! Podemos cambiar a la gente del poder del diablo por medio de atar los esfuerzos del diablo, y por medio de predicar el Evangelio a las gentes.

Mis tías me preguntaron qué era lo que yo le había hecho al abuelo. "Tommy, ahora todo lo que el abuelo quiere hacer es hablar acerca de Dios—Dios esto y Dios aquello, y que no deja de hablar acerca de Dios. Nunca antes él había estado preocupado, ni interesado acerca de ningún tema religioso, pero ahora eso lo único de lo que él habla". Yo no pude evitar sonreír a medida que escuché todo esto. El abuelo ahora ya estaba viendo y sintiendo la ternura del gran amor que Dios tiene por él.

No mucho tiempo después, yo me casé con mi esposa, Sonia. Pocos meses después de habernos casado, el señor nos dirigió ahora en una oración donde nos pusimos de acuerdo acerca de lo que dice en el libro de Mateo, con relación a que mi abuelo fuera salvo.

> *Además os digo, que si dos de vosotros se ponen de acuerdo sobre cualquier cosa que pidan aquí en la tierra, les será hecho por mi Padre que está en los cielos.* (Mateo 18:19)

El siguiente lunes después de esto, yo iba de camino para visitar a mi abuelo, y como acostumbraba hacerlo, yo manejé hasta su casa y caminé hacia su recámara teniendo una sonrisa muy grande en mi rostro. Mi abuelo estaba acostado en su cama, muy enfermo. Yo me arrodillé junto a su cama y le dije, "Abuelo, el Señor Jesús me mostró que tú estás listo para ser salvo. ¿En realidad estás listo para ser salvo?"

Sin titubeo alguno, él movió su cabeza y me contestó, "Estoy listo". Yo lo dirigí a él en la oración del pecador. Los dos lloramos y oramos juntos.

Wireless Network Key:

7881660059

SSID: ATT237

Muy pronto después de esto, mi esposa y yo comenzamos nuestra primera iglesia. Aunque mi abuelo se encontraba incapacitado debido a su edad, le pedí a mi padre que lo trajera a un servicio en mi nueva iglesia. Nunca voy a olvidar esta ocasión. Mi padre tuvo que cargarlo prácticamente y sentarlo en una silla en la parte trasera de la iglesia. Mientras que todos se levantaron para cantarle al Señor, mi abuelo hizo el más grande esfuerzo para poder ponerse en pie, cosa que logró hacer. Su mano izquierda sostuvo de una silla que estaba enfrente de él para no caerse, y al mismo tiempo levantó su mano derecha para alabar al Señor junto con el resto de todos nosotros.

Ese fue el primer y el último servicio al que él pudo asistir. Su salud continuó deteriorándose hasta el punto en que llegó a morir no mucho después de esto. Ahora, mi abuelo se encuentra en el cielo, ¡que es el verdadero lugar que está lleno de alegría y de gozo! Él se encuentra ahí, en parte, debido a que yo pude entender que existía una batalla real por su alma. ¿Acaso te puedes imaginar dónde estaría mi abuelo si yo no hubiera llegado a entender el hecho de que tenemos un villano real?

Por medio de esta experiencia, el Señor Jesús me mostró algo que nunca voy a poder olvidar. Él pareció estar diciéndome, "Recuerda, Tom, que tú eres la respuesta para las oraciones de muchas gentes". Desde ese momento, yo he tomado esta responsabilidad en forma mucho más seria, y he tenido que reconocer el hecho de que, ya sea que me conozcan o que no me conozcan, muchos cristianos están contando en mí para que sus seres queridos puedan ser alcanzados para Cristo Jesús. Yo soy el obrero por quien ellos han estado orando. Tú también, eres la respuesta a las oraciones de muchas gentes. En este mismo momento, existen personas que están orando a Dios, para que obreros sean enviados a sus seres queridos...y Dios ha decidido enviarte a ti.

Capítulo dos

El plan del villano

Pero temo que, así como la serpiente con su astucia enga-
ñó a Eva, vuestras mentes sean desviadas de la sencillez y
pureza de la devoción a Cristo" (2ª Corintios 11:3). Pablo no
era un hombre que tuviera la tendencia a temer, pero había
algo acerca de la iglesia en Corintio que hizo que su corazón latiera mucho más aprisa. ¿Cuál era su preocupación?
El temía que el diablo estaba dirigiendo a esta congregación
lejos de su devoción pura y sencilla que tenían hacia Cristo
Jesús.

Una vez más este es el plan de Satanás.

Nunca ha cambiado. Fue generado durante el tiempo
en que Dios le dio una simple orden a Adán:

> Y ordenó el Señor Dios al hombre, diciendo: De
> todo árbol del huerto podrás comer, pero del árbol
> del conocimiento del bien y del mal no comerás,
> porque el día que de él comas, ciertamente mori-
> rás.   (Génesis 2:16–17)

Esto era algo que no era tan difícil de entender. "No
debes comer de ese árbol en particular. No te metas con
ese árbol". A fin de que Adán y Eva pudieran mostrar su

verdadera devoción a Dios, todo lo que ellos tenían que hacer era obedecer esta orden tan sencilla. Aquí entra la serpiente. No debes equivocarte acerca de esto, puesto que la serpiente es un seudónimo del diablo, porque es llamado *"la serpiente antigua"* (Apocalipsis 20:2). En forma muy astuta, él le preguntó a Eva, *"¿Conque Dios os ha dicho: 'No comeréis de ningún árbol del huerto'?"* (Génesis 3:1).

Eva respondió, *"Del fruto de los árboles del huerto podemos comer; pero del fruto del árbol que está en medio del huerto, ha dicho Dios: 'No comeréis de él, ni lo tocaréis, para que no muráis'"* (versículos 2–3).

Obviamente, para cuando se presentó este momento, Eva ya estaba confundida en su entendimiento. En primer lugar, Dios nunca había dicho nada acerca de *tocar* el fruto, sino que únicamente había dicho que no lo comieran. En segundo lugar, el árbol *"en medio del jardín"* era el árbol de vida, y no existía orden alguna que tuviera que ver con el hecho de comer de él. La orden que había sido dada a Adán y Eva había sido tan simple; ¿cómo es que ella podía estar confundida? Este es el comienzo del engaño. Mientras que

Mientras que tú no tengas claro lo que Dios dice, tú puedes ser víctima del engaño.

tú no tengas claro lo que Dios dice, tú puedes ser víctima del engaño. Esta es la razón de que yo estoy tan preocupado por nuestra sociedad, debido a que toda ella se encuentra muy peligrosamente ignorante de todo lo que dice la Biblia.

La serpiente, después de cuestionar los motivos que Dios podía tener, dijo, *"Ciertamente no moriréis. Pues Dios sabe* que el día que de él comáis, serán abiertos vuestros ojos y seréis como Dios, conociendo el bien y el mal" (versículos 4–5). La lógica de la serpiente sacudió completamente a Eva. La serpiente tenía que poner en la cabeza de Eva: *¿Por qué es que Dios no quiere que yo sea como Él?*

A medida que Eva se puso a mirar el fruto, la curiosidad creció dentro de ella. Ella también se encontraba con hambre. Otro pensamiento: *¿Qué otra comida puede existir que sea mejor que esta? Va a alimentar mi mente y mi cuerpo al mismo tiempo. Me voy a convertir en Dios mismo, y voy a ser tan sabia como Él. Igual que Él, y a lo mejor, ¡más que eso! Después de esto, a lo mejor, ya no voy a necesitar de Él nunca más.*

Este tipo de pensamientos de independencia parecían demasiado maravillosos para Eva. Ella tenía que llegar a poseer este fruto. Ella tomó y participó del fruto y lo comió. Su marido, buscando compartir la misma experiencia que su esposa había tenido, también tomó del fruto y comió de él. Ellos dejaron por completo de estar dedicados a Dios. La serpiente había tenido éxito. ¡Su plan había funcionado por completo!

Perfectos en sabiduría

Existe una buena explicación para el éxito que tuvo el diablo. La Biblia nos dice que él era la única criatura que había creado como *"el sello de la perfección, lleno de sabiduría"* (Ezequiel 28:12). Su sabiduría era perfecta, y él tenía la habilidad para usarla en cualquier propósito que él se propusiera. El diablo era tan hábil en usar esta sabiduría, que él pudo convencer a una tercera parte de los ángeles para que se unieran a él, y pelearán en contra de Dios. (Favor de ver Apocalipsis 12:4). El era, y todavía es muy persuasivo. La Biblia dice que él *"corrompiste su sabiduría"* (Ezequiel 28:17), tomando algo bueno, y que le había sido dado por Dios, y pervirtiéndolo, a fin de poder usarlo para sus propósitos egoístas. El corrompió a una tercera parte de los ángeles para que se unieran de su lado, y entonces, el corrompió a Adán y a Eva, que eran la más maravillosa creación de Dios.

El apóstol Pablo no subestimó a este oponente. El sabía que el diablo es tan astuto que él puede hacer parecer el bien como algo malo, y lo malo como algo bueno. Pablo no sólo tenía este tipo de preocupación por su iglesia; él estaba tremendamente preocupado en el trabajo que el diablo ha estado haciendo entre todos los creyentes.

Aún en el día de hoy, ¡las alarmas en los cielos están sonando! ¡Despiértense todos! El diablo está vivo y está trabajando. El está engañando al pueblo de Dios. No debemos equivocarnos acerca de esto, porque el diablo es *muy bueno*—pero no es muy bueno en el sentido moral, sino que es muy efectivo en todo aquello que él hace—y que es engañar a toda la gente.

El terreno de la iglesia está lleno de una mayoría de creyentes que han sido derrotados debido a que han creído en las mentiras del diablo—los matrimonios han sido destruidos, muchas iglesias han sido divididas, muchos pastores han sido desanimados, innumerables familias han sido despedazadas, y muchas herejías han sido enseñadas. No me estoy refiriendo sólo a lo que está sucediendo en el mundo, sino a lo que está sucediendo dentro de los bancos de la iglesia. La gente está siendo lastimada. Ellos escuchan los sermones, pero parece que no pueden avanzar hacia delante de ninguna manera. Ellos escuchan acerca del amor de Dios, pero ellos no entienden por qué ellos han fallado en poder experimentarlo. Ellos escuchan acerca del poder de la oración, pero se preguntan por qué sus oraciones parecen estar rebotando impotentemente en el techo de la iglesia.

Rick era un ministro maravilloso que Dios había usado poderosamente para restaurar muchos matrimonios. Más de cien mil divorcios fueron cancelados por gentes que asistieron a sus seminarios. El predicó este mensaje en más de 20 países con resultados impresionantes. Sin embargo, el diablo sabía que si podía engañar a Rick, muchos otros vendrían a caer detrás de él. Muy pronto, él comenzó a atacar a Rick con sentimientos de enojo en contra de su esposa. Rick comenzó a creer que su esposa no lo estimaba en la forma cómo debía hacerlo. Además de esto, muy pronto él conoció a otra mujer que sí supo cómo oprimir correctamente los botones de su ego. El se convenció completamente de que esta otra mujer había sido hecha especialmente para él. Incluso, a pesar de que Rick siempre había creído que el diablo estaba detrás de los divorcios, cuando vino a tratarse de la ruptura de su propio matrimonio, Rick estaba completamente cegado como para darse cuenta que el enemigo de Dios estaba tentándolo con esta otra mujer. Para el asombro total de la comunidad cristiana, eventualmente Rick se divorció de su esposa, para llegar a casarse con esta mujer.

Debes creerme, que si Rick pudo caer, cualquier otro puede caer.

Desafortunadamente, muy pocos se dan cuenta de que se encuentran trenzados en una batalla real en contra de las fuerzas de las tinieblas. Ellos simplemente no toman al diablo en forma seria. Ya sea porque ellos no creen que él sea real, o porque rehúsan creer que él los atacaría específicamente a ellos. Sin embargo, él lo hace.

La ignorancia no es felicidad

Para que Satanás no tome ventaja sobre nosotros, pues no ignoramos sus ardides.

(2ª Corintios 2:11)

Pablo no hubiera podido escribir esto a la iglesia de hoy en día, porque desafortunadamente, muchos de nosotros nos encontramos engañosamente ignorantes de los ardides del diablo. Son muchísimos los números de creyentes que están perdiendo la batalla con el diablo, sólo debido a que se encuentran ignorantes de este simple engaño: el diablo quiere apartarlos muy lejos de su caminar con Dios. El diablo va usar todo lo que pueda y que esté a su disposición para lograr esto.

El pecado es un arma real del diablo. Los engaños son los medios por los cuales el diablo hace que una persona peque, y va a usar todo esto en sus intentos de engañarte y hacerte pecar en contra de Dios igualmente.

Parte de nuestro problema es que ya no contemplamos al *pecado* como algo real. Hemos sustituido la palabra pecado con otras palabras que son políticamente más correctas, y con términos tales como, *problemas, debilidades, fragilidades humanas, y errores.* Sin embargo, aún haciendo esto, nuestro principal problema sigue siendo el pecado. La Biblia relacióna la palabra *pecado* a la relación que tenemos con Dios. Cada vez que pecamos, estamos violando o desobedeciendo

un mandamiento de Dios, ya sea en forma consciente o inconsciente. Ya sea que tú sepas que algo es incorrecto o no,
no tiene mucha importancia; si tú acabas haciendo de todas
formas, lo que Dios ordenó que no hicieras, tú has pecado.
Algunas personas tal vez quieran pregun-
tar, "¿Por qué fue tan malo lo que hicieron Adán y Eva con relación a comer
el fruto prohibido del árbol del conocimiento del bien y del mal?" Estuvo mal
por una simple razón: Dios les había or-
denado que no lo hicieran. El asunto no
consistía acerca de comer una manzana,
sino acerca de desobedecer a Dios.

*El pecado es
un arma real
del diablo. Los
engaños son los
medios por los
cuales el diablo
hace que una
persona peque.*

Muy frecuentemente las gentes van
a cuestionar si algo está mal, solamente
basados en la *percepción* particular que

ellos tienen de lo que es bueno y de lo que es malo, en lugar de
basarse y ver si Dios ha declarado aquello como algo bueno
o malo. Si Dios dice que no hagas algo, y tú lo haces de todas
maneras, aún si resulta algo que no dañe a nadie, de todas
formas, esto es pecado. Tú puedes seguir discutiendo acerca
de todas las razones por qué eso puede ser aceptable, pero si
Dios dice que tú no puedes hacerlo, entonces es un pecado
hacerlo. Toda vez que estés creyendo que tu felicidad depen-
de en hacer algo que ha sido prohibido por Dios; tu felicidad
de todas formas, no es el asunto a contemplar; el asunto que
debes de contemplar es el hecho de mantener tu obediencia.
Satanás va a ser todo lo que sea posible para presentarte la
desobediencia en formas muy atractivas—él incluso puede
hacer que todo eso parezca muy saludable—pero él nunca

va a revelar el precio tan alto que tú vas a tener que pagar por tu desobediencia.

El diablo convenció a Eva de que su vida iba a ser mucho mejor si ella acababa por comer el fruto. El no sólo le dijo a ella que no iba a morir, sino también le dijo que se iba a convertir como Dios. Nada de lo que el diablo promete resulta ser cierto. A final de cuentas, ella fue echada fuera del jardín del Edén, se le prohibió la entrada al mismo, ella tuvo que empezar a experimentar los dolores de parto, y eventualmente, ella murió. El diablo va a hacer todo tipo de promesas atractivas a cualquiera que esté dispuesto a escuchar, pero en la gran mayoría de ellas, él nunca las va a poder cumplir.

El resultado final del pecado de Adán y Eva fue la muerte—no sólo la muerte "física", sino también la muerte "espiritual". Pablo escribió lo siguiente,

> *Y El os dio vida a vosotros, que estabais muertos en vuestros delitos y pecados, en los cuales anduvisteis en otro tiempo según la corriente de este siglo, conforme al príncipe de la potestad del aire, el espíritu que ahora opera en los hijos de desobediencia.*
>
> (Efesios 2:1–2)

Queda muy claro que la muerte no fue solamente una muerte física, ¿porque cómo iba Pablo a poder escribirle a gente que estaban muertos físicamente? Con toda seguridad él se tenía que estar refiriendo a la muerte espiritual. La muerte espiritual es una total separación de Dios. Pablo también se refirió a esto como estar "*separados de la vida de Dios*" (Efesios 4:18).

La vida de Dios estaba fluyendo a través de Adán y Eva en el jardín del Edén. Mientras que ellos permanecieron fieles a Dios, la vida de Dios era la vida de ellos, y ellos no podían probar lo que era la muerte. Después de su rebelión, sin embargo, ellos fueron separados de esa fuente de vida. Aunque ellos no murieron físicamente por muchos años, ellos murieron espiritualmente en el mismo momento en que probaron el fruto prohibido.

Éste es el objetivo que el diablo tiene para todo ser humano. En primer lugar, él quiere impedir que el pecador reciba el regalo de Dios de la vida eterna. En segundo lugar, aún después de la salvación, el diablo desea mantener a los santos lejos de poder experimentar verdaderamente la vida abundante de Dios. ¡La única cosa que verdaderamente puede realizar en esto es el pecado! El pecado lastima y hiere nuestra habilidad para caminar en la naturaleza de Dios. No podemos ser capaces de amar cuando al mismo tiempo estamos siendo egoístas. No podemos experimentar el gozo mientras que al mismo tiempo estamos pecando miserablemente. No podemos experimentar la paz mientras que nuestras conciencias están nadando en medio de caprichos y yendo en pos del llamado de nuestra desobediencia. No existe nada de lo que Dios tiene para nosotros que podamos disfrutar, mientras que nos encontremos neciamente en desobediencia en contra de Él.

El orgullo, nuestro primer pecado

Pero El da mayor gracia. Por eso dice: "Dios resiste a los soberbios pero da gracia a los humildes". Por tanto, someteos a Dios. Resistid, pues, al diablo y huirá de vosotros. (Santiago 4:6–7)

Muchos cristianos han intentado pararse firmes en este versículo, pero no han podido recibir los beneficios que este versículo otorga, debido a que no han practicado el pasaje por completo. La mayoría solamente quieren declarar y repetir la parte que dice, *"resistir al diablo, y de vosotros huirá"*, y entonces ellos se preguntan cuál es la razón de que el diablo no huye. Ellos han ignorado la primera parte de este párrafo que dice, *"Dios resiste a los soberbios, pero da gracia a los humildes"*.

Dios originalmente se opuso a Satanás debido al orgullo que éste tenía. *"Se enalteció tu corazón a causa de tu hermosura"* (Ezequiel 28:17). El orgullo fue el pecado original. Sin embargo, este pecado no fue cometido por hombre alguno, sino que fue cometido por un ángel. Tal y como lo dice, *"el diablo aplicado desde el principio"* (1ª Juan 3:8). En el momento de su creación, el hombre era inocente, y durante un buen tiempo él pudo vivir en ese estado de inocencia.

No existe absolutamente nada de lo que Dios tiene para nosotros, que pueda ser disfrutado mientras que estemos neciamente en desobediencia en contra de Dios.

El diablo conoce la Escritura que dice, *"Delante de la destrucción va el orgullo, y delante de la caída, la altivez de espíritu"* (Proverbios 16:18). El orgullo siempre va delante del pecado y lo precede; por lo tanto la primera tentación del diablo es hacerte pensar que tú eres mucho más grande o muy superior de lo que tú realmente es, o de lo que tú deberías pensar.

Durante la Santa Cena, se originó una discusión entre los discípulos con relación a cuál de ellos iba a ser el más grande. (Favor deber Lucas 22:24). ¿Acaso te puedes imaginar esto? Jesús estaba prediciendo Su muerte, y lo único de lo que ellos podían hablar era acerca de quién iba a quedar a cargo cuando Jesús se fuera. Jesús, escuchando la discusión que ellos tenían dijo,

> *Simón, Simón, mira que Satanás os ha reclamado para zarandearos como a trigo; pero yo he rogado por ti para que tu fe no falle; y tú, una vez que hayas regresado, fortalece a tus hermanos.*
>
> (Lucas 22:31–32)

Debes considerar la audacia que tuvo el líder de la rebelión celestial al pedirle a Jesús permiso para poder atacar a Simón Pedro. De hecho la palabra griega *pedir* realmente significa *"exigir"*. ¿Qué es lo que le dio al diablo tal osadía para que se pudiera acercar a Dios de esta manera? Una sola cosa: Pedro había entrado en el territorio enemigo—el orgullo— lo cual le dio al diablo el derecho legal de hacerlo sufrir. Yo no encuentro ningún otro pecado en las Escrituras que le da al diablo este derecho. El pecado del orgullo, después de todo, se originó en el mismo. Él lo corrompió.

Encuentro muy interesante el hecho de que Jesús no llamó a Pedro por medio del nuevo nombre que acababa de darle y que era "piedra". Al contrario, el uso el humilde nombre de "Simón". Jesús incluso usó este nombre dos veces— *"Simón, Simón"*—es intentando recordarle a Pedro humildes orígenes, y urgiendole a que estuviera alerta con relación a su orgullo. Pero no escuchó, a pesar de todo, si no por el contrario él siguió presumiendo, *"Señor, estoy dispuesto a ir contigo tanto a la cárcel como a la muerte"* (Lucas 22:33).

No solamente Pedro estaba muy lejos de estar listo para convertirse en un mártir, sino que actualmente era el único de los doce, que, durante el juicio de Jesús, de hecho, negó que siquiera Lo hubiera llegado a conocer jamás. Los otros tuvieron el suficiente sentido común de echarse a correr, antes de que cualquiera de ellos fuera puesto en una situación como ésta. Pero no Pedro. Él se quedó cerca de Jesús, siempre mirando desde la distancia. Muy pronto, una muchacha joven le preguntó si él conocía a Jesús. Pero dijo, *"Mujer, no le conozco"* (Lucas 22:57). Más tarde, alguien más le acusó de haberlo visto junto con Jesús. Pero respondió rápidamente, *"¡Hombre, no es cierto!"* (versículo 58). Una hora más tarde, otro hombre reconoció a Pedro como uno de los Galileos, y dijo públicamente que él debía haber estado con Jesús. Pero, teniendo miedo de ser arrestado, de ser martirizado y de enfrentar la muerte, siendo que anteriormente él había presumido que podía controlarlo todo, insistió diciendo, *"¡Hombre, yo no sé de qué hablas!"* (versículo 60). En ese momento, las Escrituras dicen que Jesús se volvió hacia Pedro, y miró profundamente a sus ojos. Completamente sobrecogido por su propia tradición y cobardía, ¡Pedro corrió y huyó llorando amargamente!

Jesús había predicho que Pedro iba a hacer esto, y sin embargo, Jesús también tuvo confianza en que este discípulo se iba a arrepentir. Por eso es que, en la última cena, Jesús incluyó las palabras, *"Una vez que hayas regresado, fortalece a tus hermanos"* (versículo 32). En otras palabras, "Pedro, yo no estoy dejando de creer en lo que tú puedes hacer. Tú no estás siendo descalificado del liderazgo. ¡Tú sigues siendo el hombre que yo escogí!"

¿Acaso no te sientes agradecido por la misericordia que tiene nuestro Señor Jesucristo? Qué gran lección es esta acerca del engaño del orgullo. Justamente cuando tú estás pensando que nunca vas a caer—¡bam!—En ese mismo momento eres golpeado con una tentación irresistible. Tú eres rebajado y humillado a tu fracaso total. Tú has aprendido una lección muy dolorosa por medio del poder engañador del orgullo.

Aunque en gran medida has tratado de resistir al diablo, si tú tienes orgullo o eres orgulloso, ¿cómo vas a poder hacerlo huir? Tú te encuentras operando en su mismo nivel. Dios no va a violar Su propia Palabra para darte poder por encima del diablo si tú te encuentras actuando en orgullo. Esta es la razón por la cual tantos creyentes fracasan en obtener poder sobre el diablo. Sus corazones se encuentran infectados con orgullo pecaminoso. No solamente no son capaces de resistir a Satanás, sino que de acuerdo a las Escrituras, Dios se les *"opone"* rotundamente (Santiago 4:6, NVI). Cada vez que tú te dejas llevar por el orgullo o que te encuentras todo orgulloso, tú no estás colocado del mismo lado de Dios, porque tú te has colocado juntamente del lado del diablo.

Es igualmente importante que tú no caigas en la trampa de la falsa humildad, la cual siempre te hace sentir que tú eres indigno para cumplir con el llamamiento que has recibido. Mientras que Pedro eventualmente expresó una verdadera humildad, y pudo experimentar la misericordia de Dios, Judas por el otro lado, permitió que su acto traicionero infectara en tal manera su autoestima, que él fue y se ahorcó a sí mismo debido a la culpa que sentía.

> *Mientras que tú no puedas aceptar el perdón, tú no vas a ser capaz de levantarte y poder cumplir con tu llamamiento.*

Tan terrible como es el pecado, la culpa es mucho peor. Mientras que tú no puedas aceptar el perdón, tú no vas a ser capaz de poder levantarte para cumplir tu llamamiento. Judas traicionó a Cristo Jesús y nunca pudo aceptar el perdón. El diablo lo convenció de que su traición nunca iba a ser perdonada por Dios. De hecho, si podía haber sido perdonada, pero él se rindió antes de que pudiera experimentar la misericordia de Dios. Pero, por el otro lado, Pedro traicionó a Jesucristo, pero aceptó el perdón de Dios, y en su humildad, fue restaurado a su lugar de liderazgo.

Capítulo tres

Satanás ha sido desarmado

Y cuando estabais muertos en vuestros delitos y en la incircuncisión de vuestra carne, os dio vida juntamente con Él, habiéndonos perdonado todos los delitos, habiendo cancelado el documento de deuda que consistía en decretos contra nosotros y que nos era adverso, y lo ha quitado de en medio, clavándolo en la cruz. **Y habiendo despojado a los poderes y autoridades,** *hizo de ellos un espectáculo público, triunfando sobre ellos por medio de Él.*
(Colosenses 2:13–15 se añadió énfasis)

Cómo es que la cruz fue capaz de desarmar al diablo? Es muy simple. La principal arma del diablo es la *condenación*—es el hecho de condenarnos por el mismo pecado al cual él nos está tentando, para que caigamos en ello. El supo muy poco acerca de que el plan de Dios consistía en tomar y llevar completamente todos nuestros pecados, privando al diablo de su arma principal. *"La sabiduría que ninguno de los gobernantes de este siglo ha entendido, porque si la hubieran entendido no habrían crucificado al Señor de gloria"* (1ª Corintios 2:8).

Jesús había podido predecir el predicamento del diablo:

> *Cuando un hombre fuerte, bien armado, custodia su palacio, sus bienes están seguros. Pero cuando uno más fuerte que él lo ataca y lo vence, le quita todas sus armas en las cuales había confiado, y distribuye su botín.* (Lucas 11:21–22)

Para poder quitarle al diablo todo lo que le pertenecía, en primer lugar, Jesús tomó toda la armadura en la cual él tenía puesta su confianza, y entonces repartió los despojos. Para que nosotros podamos participar de los despojos—que es la salud, la victoria, y la prosperidad—Jesús tenía que remover el pecado de nuestras vidas, que era lo que nos impedía tener acceso a la justicia y a las recompensas de la misma. Por lo tanto, la cruz anuló la acusación legal del diablo en contra de nosotros, y nos da una total inocencia de todos nuestros pecados. Una vez que hemos adquirido esto, entonces poseemos todos los derechos legales para poder gozar del botín.

En el Antiguo Testamento, el diablo hizo una aparición muy rara, teniendo que mostrarse en una ocasión, debido a que Josué, que era el sumo sacerdote, había cometido un pecado muy grave. Mientras que es verdad que Josué era un símbolo de la nación de Israel, no existe nada en la historia que nos pueda indicar que Josué mismo nunca hubiera pecado. Es muy probable que el escritor usó el testimonio personal de Josué—y su falla—la cual fue muy pública, para poder ilustrar las fallas del mismo pueblo de Israel, y a final de cuentas, la gran misericordia que Dios tiene por ambos. Por supuesto, el incidente también puede ampliarse a fin de que se aplique a nosotros, y de poder ilustrar la manera en que Jesús tomó para siempre nuestro pecado.

La historia comienza con el profeta Zacarías teniendo una visión. En esta visión, él vio a Josué que estaba parado junto al arcángel, teniendo su cabeza inclinada en humillación. Él se veía como un criminal que está esperando sentencia delante de un juez. En el lugar que normalmente ocupa el uniforme anaranjado de un preso convicto, Josué tenía puestas las vestimentas más sucias, y no estaba preparado para defenderse a sí mismo.

En oposición a Josué se encontraba el diablo en persona, teniendo una sonrisa en su cara y el dedo apuntando hacia Josué que se encontraba en estado de condenación. A medida que él abrió su boca para comenzar a acusar el caso, la sala del juzgado se sacudió por completo. Todo mundo se encontraba asombrado a medida que la voz de Dios como un trueno se dejaba oír, mientras que un ángel que estaba interpretando, "*El Señor te reprenda, Satanás. Repréndate el Señor que ha escogido a Jerusalén. ¿No es éste un tizón arrebatado del fuego?*" (Zacarías 3:2).

¿Qué es lo que está sucediendo? Satanás debió de haber estado preguntándose. *Espera un momento, ¡Dios! ¡Es Josué quien ha desgraciado su oficio. Déjame decirte lo que él hizo!*

Mientras que Dios continuó ignorándolo, el ángel habló al resto de la congregación, "*Quitadle las ropas sucias*". Y a él le dijo: "*Mira, he quitado de ti tu iniquidad y te vestiré de ropas de gala*" (versículo 4). ¡Josué había sido perdonado! ¡Los ángeles se regocijaron! ¡Israel se regocijó! Zacarías volvió a ver a los otros sacerdotes, y les dio instrucciones de que colocaran un turbante limpio en la cabeza de Josué—porque él había sido restaurado a su liderazgo. Un examen más minucioso de esta historia nos revela el papel tan importante que jugó la comunidad en la restauración y perdón de Josué. No fue suficiente que Dios perdonara al pecador; el pueblo de Dios también tenía que mostrar el perdón a esta persona.

No fue suficiente que Dios perdonara al pecador; el pueblo de Dios también tenía que mostrar el perdón a esta persona.

Una situación muy similar se llevó a cabo en la iglesia de Corinto. Uno de los líderes había cometido un acto horrendo. *"En efecto, se oye que entre vosotros hay inmoralidad, y una inmoralidad tal como no existe ni siquiera entre los gentiles, al extremo de que alguno tiene la mujer de su padre"* (1ª Corintios 5:1). El apóstol Pablo no podía entender cómo era que esta congregación había podido ignorar un acto de esta naturaleza. Él les ordenó que removieran al hombre de la comunión, y que lo entregaran a Satanás. (Favor de ver versículo 5).

En su siguiente carta, Pablo vuelve a tocar este asunto nuevamente; en esta ocasión, sin embargo, el ofensor sintió una gran pena y vergüenza con relación a todo aquello que había cometido y se arrepintió profundamente. Esta pena obró el arrepentimiento de su alma, pero la congregación seguía sintiendo que Pablo podría desear que este hombre permaneciera apartado de la comunicación con todos ellos. Pablo tuvo que explicar la necesidad de perdonar y restaurar a este hombre: *"Es suficiente para tal persona este castigo que le fue impuesto por la mayoría; así que, por el contrario, vosotros más bien deberíais perdonarlo y consolarlo, no sea que en alguna manera éste sea abrumado por tanta tristeza"*

(2ª Corintios 2:6–7). El dolor es bueno, pero *"tanta tristeza"* puede convertirse en una herramienta en manos del enemigo. *"Lo que he perdonado, si algo he perdonado, lo hice por vosotros en presencia de Cristo, para que Satanás no tome ventaja sobre nosotros, pues no ignoramos sus ardides"* (versículos 10–11).

Es muy claro que el plan de Satanás era sobrecoger al hombre arrepentido en Corintios con un dolor excesivo. De acuerdo a lo que dice Pablo, más allá del arrepentimiento de este hombre, la única manera para que él pudiera experimentar la sanidad y la restauración, era que la comunidad lo restaurara por completo. Si ellos no lo hacían, Satanás hubiera tenido la victoria.

Muy frecuentemente, la iglesia no está dispuesta a ofrecer el perdón y la restauración a todos aquellos que han caído—incluso después de que éstos se han arrepentido. Los cristianos son muy honestos y rápidos para mantener los parámetros de santidad de Dios, pero son muy lentos para mantener los parámetros de Dios con relación al amor y a la misericordia. No podemos seguir aplastando a los cristianos que han caído y que nos han desilusionado ya sea que se trate de un pastor, de un díacono, un músico, el maestro de escuela dominical, o cualquier voluntario en la iglesia, cuando alguien comete un error terrible, no podemos seguir negándole la comunión, después de que

> *Muy frecuentemente, la iglesia no está dispuesta a ofrecer el perdón y la restauración a todos aquellos que han caído—incluso después de que éstos se han arrepentido.*

esta persona se ha arrepentido verdaderamente. Él o ella deben ser restaurados.

Esta es la razón por la cual Josué tenía que ser restaurado como el sumo sacerdote. No era suficiente para él, el hecho de ser colocado como un sacerdote inferior. Le estamos dando a Satanás la ventaja, cuando permitimos que la venganza o el enojo controlen la restauración. Estos dos ejemplos de las Escrituras son unas grandes visiones de la necesidad que tiene la comunidad religiosa de poder perdonar y restaurar—y de la misma manera son ejemplos de la derrota del diablo.

En una ocasión conocí a un pastor que había establecido un ministerio vibrante y exitoso, que había ganado cientos de almas, construido una gran congregación, y mostraba la promesa de hacer aun mucho más que esto en el futuro. El era un gran maestro con una personalidad muy magnética. Sin embargo, como muchos otros líderes cristianos de nuestros días, el sucumbió ante la tentación sexual.

Parecía que todo su ministerio se había acabado. Un versículo en particular lo estuvo persiguiendo: *"Las moscas muertas hacen que el ungüento del perfumista dé mal olor; un poco de insensatez pesa más que la sabiduría y el honor"* (Eclesiastés 10:1). Para mí, parecía muy injusto que todo el bien que este hombre había realizado se hubiera borrado para siempre por medio de un acto de indiscreción. El estaba intentando completamente renunciar a todo, cuando una mujer en la iglesia tuvo un sueño. En el sueño, este pastor estaba predicando efectivamente detrás del púlpito, pero de repente se cayó de la plataforma, cayendo en los asientos de la congregación. La mujer estaba muy excitada acerca de este sueño, y se lo dijo al pastor, "Dios me mostró que usted cayó hacia adelante, no hacia atrás". El sueño motivó a este hombre para que continuara en el ministerio. A través de su arrepentimiento, y del perdón y restauración de su congregación, este ministerio es mucho más grande hoy en día de como lo fue anteriormente.

Él tenía que aprender la misma lección importante que Josué tuvo que aprender: Dios perdona todos los pecados, incluso los más grandes, pero el pecador debe creer en esto, y debe ponerse las vestiduras de la justicia delante de Dios. Ser perdonado de un pecado tan grande puede traer un nuevo sentimiento de gratitud. Para mi amigo pastor, esta experiencia le dio un mayor entendimiento y una simpatía que se reflejó cada vez que alguien de su congregación fallaba.

Ser perdonado de un pecado grande puede traer un nuevo sentimiento de gratitud.

La expiación

En el jardín del Edén, la esperanza que tenía el diablo era que Adán y Eva llegaran a pecar. El tuvo éxito; sin embargo, la última cosa que Satanás quería, era que el pecado fuera borrado para siempre. Esto es de lo que se trata la cruz.

El término teológico que se usa es *expiación*. Significa "cubrir, remover, borrar algo que existió alguna vez".

A quien Dios exhibió públicamente como pro-piciación por su sangre a través de la fe, a fin de

> *demostrar su justicia, porque en su tolerancia Dios*
> *pasó por alto los pecados cometidos anteriormente,*
> *para demostrar en este tiempo su justicia, a fin de*
> *que El sea justo y sea el que justifica al que tiene fe*
> *en Jesús.* (Romanos 3:25–26)

En el Antiguo Testamento, Dios le ordenó a Moisés que estableciera un sistema de sacrificios por medio de animales inocentes—corderos, toros, cabras, y otros similares—que tenían que morir como una expiación por los pecados del pueblo de Israel. Una de las fiestas más grandes se llamaba el día de la expiación, y fue establecida en la entrada del Año Nuevo. En este día, el sumo sacerdote sacrificaba dos animales uno era sacrificado por su sangre; el otro era sacrificado en el fuego. Un tercer animal, era una cabra, no era sacrificado, sino por el contrario era llevado a las afueras de la ciudad, donde el sumo sacerdote ponía sus manos sobre de ella, confesando "en ella" todos los pecados de los israelitas. La cabra—que era el chivo expiatorio—entonces era soltado hacia el desierto, para nunca jamás volverlo a ver. (Favor de ver Levítico 16:5–10). ¡Qué gran cuadro es este con relación al pecado siendo removido!

Satanás observaba esta ceremonia cada vez y cada año, pero tal vez nunca se registró en su mente lo que realmente esto iba a significar eventualmente. El diablo inspiró a los líderes religiosos para que crucificaran a Jesús, sin darse cuenta que al hacer esto, Jesús se iba a convertir en el Chivo Expiatorio—que es el sacrificio supremo que iba a remover totalmente el pecado de toda la raza humana.

En el jardín del Edén, Dios predijo la forma en que la simiente de la mujer un día se iba a encargar de la derrota del diablo. *"Él te herirá en la cabeza, y tú lo herirás en el calcañar"* (Génesis 3:15). Las dos partes iban a ser heridas. El talón del Mesías—que es la simiente de la mujer—iba a ser herido, pero la cabeza de Satanás iba a ser despedazada. Las heridas en la cabeza normalmente son mucho mayores y más fatales que las heridas en un pie. Dios le estaba advirtiendo a la creación que iba a haber un precio que pagar a fin de poder administrar a Satanás el golpe final y contundente. Ese precio iba a incluir la muerte: *"Porque la paga del pecado es muerte"* (Romanos 6:23). Jesús pagó el precio que nosotros teníamos que pagar. Con la expiación terminada por completo, la única cosa que queda es que el pecador acepte ese perdón.

Cuando Jesús pagó el precio que nosotros teníamos que pagar, la única cosa que queda pendiente es que el pecador acepte este perdón.

En 1833, hubo un caso en la Suprema Corte de los Estados Unidos, que tenía que ver con un hombre llamado George Wilson, que había sido condenado a muerte. El presidente Andrew Jackson ordenó un perdón para Wilson, pero el hombre condenado lo rechazó. Nunca antes nadie había hecho cosa como ésta. El gobierno estaba confundido con relación a lo que tenían que hacer. Ellos discutieron que el perdón era un *acto público*, y por lo tanto, no requería del consentimiento del individuo en particular y en *privado*. Después de un feroz debate, la Corte dictaminó que aunque el perdón era un acto público, la intención del mismo era un beneficio privado, y por lo tanto ordenó que,

Un acto de perdón es un hecho, y para que el mismo tenga validez, es vital que contenga ejecución, y la ejecución no puede ser completada si no existe aceptación por parte de quien la recibe. Puede ser rechazada por la persona a quien ha sido dirigida; y si ésta ha sido rechazada, hemos dictaminado que no existe poder alguno en el sistema de la corte que lo obligue a forzarlo a la aceptación de la misma.

(UNITED STATES vs. GEORGE WILSON que 32 U.S. 150, 7 Pet. 150, 8 L. Ed. 640)

En otras palabras, para que un perdón pueda ser efectivo, debe ser aceptado.

Me permito referir esto porque, mientras que el precio de nuestro pecado ha sido pagado, un acto público de gracia delante de todo el mundo que tuvo la intención de proveer bendición privada para cada uno de nosotros. Por lo tanto, tú debes aceptar legalmente el perdón de Dios, ofrecido a través de la expiación, para que éste pueda ser efectivo en tu caso. La expiación es la acción por parte de Dios; la aceptación es la acción que a ti te toca. Debes estar consciente, de todas maneras, de que Satanás va a hacer todo lo que esté en su mano para evitar que tú puedas aceptar el perdón.

La condenación

Ahora ha venido la salvación, el poder y el reino de nuestro Dios y la autoridad de su Cristo, porque el acusador de nuestros hermanos, el que los acusa delante de nuestro Dios día y noche, ha sido arrojado. Ellos lo vencieron por medio de la sangre del

Cordero y por la palabra del testimonio de ellos.
(Apocalipsis 12:10–11)

El diablo no se va a rendir simplemente porque nosotros hemos recibido la salvación. Debes notar en el pasaje anterior a quienes es a quien el diablo está acusando—no es al pecador, sino *"nuestros hermanos"*. La batalla más grande de los santos es poder mantener una conciencia clara y buena. El perdón nos ha sido otorgado por Dios; sin embargo él no puede darnos la clara conciencia.

Muchas gentes han sido perdonados por Dios, pero siguen luchando para mantener conciencias claras. El diablo no ayuda. El continuamente está tratando de avergonzarnos con nuestros pasados. El se para delante de Dios día y noche, acusándonos, y esperando que Dios de alguna manera vaya a cambiar su mente y su forma de pensar acerca de nosotros. El diablo tiene la esperanza que por medio de sus acusaciones él puede causar que nos aferremos a los sentimientos de culpa y de vergüenza con relación a nuestro pasado—y con relación a nuestros pecados—perdonados. La única manera para poder remover estos sentimientos de culpa, de acuerdo a la Palabra de Dios, es venciendo las acusaciones del diablo a través de *"la sangre del Cordero"* y por medio de *"la palabra de* [nuestro] *testimonio"* (Apocalipsis 12:11).

Existen dos aspectos que salen a la luz en este pasaje. Uno es la expiación de Cristo Jesús. El otro es nuestro testimonio actual de la sangre. El primero

El diablo no se rinde simplemente porque nosotros hemos recibido la salvación.

es obra de Dios; el segundo es obra nuestra. Nosotros no tuvimos nada que ver con el hecho de proveer la expiación. Esto fue meramente obra de Dios. Sin embargo nosotros, podemos tener control sobre nuestro testimonio. Podemos escoger afirmar nuestra creencia en aquello que la sangre de Jesús ha terminado por completo, o podemos escoger negar el poder de la sangre que obra en nuestras vidas. Muchos en forma inconsciente niegan el poder y la obra de la sangre, por medio de escoger mantenerse con una conciencia culpable con relación al pecado. Ya sea que se trate de un divorcio, de un crimen, o de una falla moral, estos santos escogen creer en sus sentimientos cargados de culpa, en lugar de creer a la cruz de Cristo Jesús. De inmediato, ellos no pueden vencer su pasado. El diablo ama cuando tú comienzas a actuar de acuerdo a tus sentimientos.

"Yo no me siento perdonado", dicen algunos. ¿A quién le importa cómo te sientes? Dios dice que tú has sido perdonado; por lo tanto, tú debes actuar en contra de tus sentimientos. En lugar de aceptar el perdón, algunas personas abandonan el ministerio, o simplemente dejan de asistir a la iglesia porque no sienten que son dignos de seguir sirviendo. Ellos han sido guiados por sus sentimientos de vergüenza y de culpa.

Un testimonio es algo que se comparte de acuerdo a lo que ha sido visto, lo que ha sido oído, o por lo que ha sido experimentado. Los santos en el libro del Apocalipsis vencieron al diablo por medio de incluir la sangre de Cristo Jesús en su testimonio. Tu tal vez ya has escuchado acerca de la sangre de Cristo Jesús, pero con los ojos de tu mente, tú deberías visualizar la sangre de Cristo Jesús limpiandote completamente de todos tus pecados. Tú debes testificar esto si acaso tú deseas ser libre de la vergüenza y culpa de tu pasado, y debes dejar de confesar que eres "demasiado podrido" como para poder servir al Señor Jesús. Tú necesitas dejar de declarar y dejar de volver a vivir una y otra vez pecados del pasado. Debes declarar la sangre de Jesús, ¡porque te ha limpiado por completo!

Dios es mucho más grande que tú corazón

En esto sabremos que somos de la verdad, y aseguraremos nuestros corazones delante de Él en cualquier cosa en que nuestro corazón nos condene; porque Dios es mayor que nuestro corazón y sabe todas las cosas. (1ª Juan 3:19–20)

Uno de los más grandes errores que tú puedes hacer es poner más confianza en los sentimientos de tu corazón, que en Dios. Dios es mucho más grande que nuestro corazón. Si Dios dice que tu pecado ha desaparecido, ¿quién eres tú para decir que no ha desaparecido?

"Pero yo me siento tan mal con relación a lo que hice. Yo no siento que sea correcto el hecho de servir a la iglesia debido a lo que yo cometí en el pasado".

Si ésta es la manera como tú te sientes, ¿acaso puedes ver lo que tú estás haciendo? Tú estás tomando la condenación de tu corazón y la estás colocando por encima de la Palabra de Dios. Dios lo sabe todo, incluyendo el hecho de que tú pecaste, sin embargo, Él te sigue amando, y quiere restaurarte en la posición de tu llamamiento. Pero Él no puede hacer esto, si tú permites que el enemigo te siga golpeando por causa de tu pasado. Tú debes darte cuenta de que la

Dios lo sabe todo, y sin embargo Él sigue amándote, y quiere restaurarte a tu llamamiento.

condenación de tu corazón está viniendo directamente como consecuencia de las acusaciones del diablo.

Las instituciones de salud mental muy frecuentemente albergan a cristianos que no han sido capaces de soltar los pasados. Yo los he encontrado. Ellos siempre están hablando acerca de algún fracaso pasado. Ellos han comprado las mentiras que el enemigo les ha dicho. Ellos piensan honestamente que Dios es el que está enojado con ellos. Ellos conocen muy poco con relación a que es el diablo, y no Dios, quien ha estado lanzando acusaciones en contra de ellos.

Bridgett tenía muchos problemas para poder relacionarse con otras muchachas de su edad. A pesar de ser una muchacha joven, ella tenía un problema de sobrepeso, y no era lo que otros podrían llamar bonita. A causa de esto, las muchachas más populares frecuentemente se burlaban de ella. Para poder compensar la humillación que ellas le daban, Bridgett llegó a encontrar consuelo con los muchachos de su escuela. Ella jugaba diferentes deportes con ellos, y se convirtió en una muy buena atleta. Sintiéndose deficiente como una mujer, y ella comenzó a idolatrar diferentes características femeninas. Esta idolatría se convirtió en algo sexual, y ella comenzó a tener fantasías acerca de algunas de las muchachas que eran más femeninas que ella. Habiendo crecido en un hogar cristiano, sin embargo, ella estaba asustada por estos sentimientos, y nunca se atrevió a actuar en ellos. Al contrario, ella entregó su vida a servir a la gente y a la iglesia.

Eventualmente, Bridgett decidió por el bien de su propia salud espiritual, unirse a una organización que se dedicaba a ayudar homosexuales y lesbianas para que ellos encuentren sanidad. Durante una de las sesiones de este grupo, el moderador le pidió que dijera cómo se sentía. Ella contó la forma como se sentía extremadamente deprimida y fuera de lugar. Ella le contó al grupo, que más temprano esa misma mañana, ella había tenido una sesión con su consejera cristiana, durante la cual ella experimentó una verdadera crisis con victoria. Ella salió de la oficina de la consejera muy motivada debido al progreso y avance que estaba teniendo. Entonces, a medida que ella se aproximaba a su apartamento, una mujer que estaba corriendo y haciendo ejercicio—que era una mujer muy preciosa con hermoso cabello largo—corrió justo enfrente de ella. Bridgett miró a la corredora, y se sintió poderosamente atraída hacia ella. Como resultado de esto, ella cayó en una depresión de inmediato. "Dios acaba de hacer esta obra maravillosa en mi, y mira lo que ya estoy haciendo, ¡deseando a una mujer y deseandola sexualmente!"

Después de que Bridgett había compartido esto con el grupo, el moderador le preguntó si ella había llegado a pecar en esta situación. Ella dijo, "No, pero…". Ella no pudo encontrar las palabras para completar la oración; sus sentimientos de culpa y remordimiento eran tan grandes, que ella sabía que tenía que ser culpable de algo.

El moderador le dijo algo que ella había escuchado probablemente un millón de veces: "La tentación no es pecado".

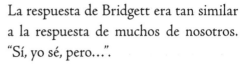

Si el diablo puede inundarnos con culpa con relación a la tentación, vamos a estar mucho más cerca de sucumbir al pecado, donde el diablo tiene la victoria.

La respuesta de Bridgett era tan similar a la respuesta de muchos de nosotros. "Sí, yo sé, pero…".

En forma intelectual o teológica, podemos aceptar la verdad de que la tentación no es pecado, pero dentro de nuestro caminar diario de cada día, podemos llegar a sentir una culpa tremenda por el hecho de siquiera experimentar tal tentación. Esta es la obra del diablo. Si él nos puede inundar de culpa con relación a la tentación, entonces vamos a estar mucho más cerca para poder sucumbir al pecado, donde el diablo tiene su victoria.

Como el integrante del jurado, tú tienes que tomar una decisión. ¿A quién le vas a creer? ¿Le vas a creer más a los sentimientos de tu corazón o a la Palabra de Dios? Tú debes decidir quién es quién está diciendo la verdad. ¿Acaso es Dios, acerca de quién Juan escribió, *"Si confesamos nuestros pecados, El es fiel y justo para perdonarnos los pecados y para limpiarnos de toda maldad"* (1ª Juan 1:9)? ¿O acaso es tu corazón, el cual está diciendo, "he confesado mi pecado, pero no me siento nada diferente"?

Cristianos desnudos

El problema que yo veo con muchos cristianos, es que ellos inicialmente aceptaron la limpieza de sus pecados, pero ellos rehúsan vestirse con las vestimentas limpias de la justicia. No fue suficiente que Dios removiera la ropa sucia de Josué; él también le dijo al ángel que le pusiera *"ropas de gala"* (Zacarías 3:4). Muchos cristianos pueden ver sus pecados perdonados, pero entonces ellos siguen caminando por todos lados desnudos, debido a que no se han vestido con el manto de justicia.

"Al que no conoció pecado, le hizo pecado por nosotros, para que fuéramos hechos justicia de Dios en Él" (2ª Corintios 5:21). Muchos confiesan que son pecadores indignos salvados por la gracia de Dios, pero este testimonio es incompleto y no refleja la verdadera obra de la cruz. La cruz te hizo completamente vivo; tú has sido hecho una *"nueva criatura"* (versículo 17). Dios no está viendo al mismo viejo hombre que tú estás viendo. Dios no está viendo un viejo pecador salvado por gracia; al contrario, Él te está viendo como una nueva creación, que está viva por Su gracia.

Tú debes ponerte el manto de justicia, y debes confesar todo aquello en lo que Dios te ha convertido. "Yo soy la justicia de Dios". Vamos, vamos, debes repetirlo. Yo sé que al principio es difícil decir o, pero tú debes decirlo a fín de edificar la realización de la justicia dentro de ti. Esta realización va a afectar tu fe, y va a aumentar tu valentía.

El hijo pródigo revela esta verdad. Después de haber mal gastado el dinero de su padre en vino, mujeres, y en un estilo de vida disoluto, él regresa a casa, con la esperanza de que su padre lo va a aceptar nuevamente solo como un simple sirviente. El padre hizo mucho más que esto. No solamente el padre lo perdonó, sino que también tomó la ropas sucias de su hijo y las reemplazó con vestimentas de lujo para la fiesta. El puso un anillo en el dedo de su hijo, y sandalias para que calzara sus pies. El padre no solamente perdonó a su hijo, sino que también lo restauró completamente como su hijo. El padre quería que él "actuará" como todo un hijo—sin tener que mendigar para nada, sin tener que llevar vergüenza alguna, y sin ningún tipo de desgracia. Ya era tiempo de volver a pertenecer a la familia, al amor y a la riqueza de su padre. (Favor de ver Lucas 15:11–32).

En el momento en que naciste de nuevo, te convertiste en la justicia de Dios.

En el momento en que naciste de nuevo, te convertiste en la justicia de Dios. La justicia te ha dado ciertos "derechos". Con la justicia, tú puedes reclamar todos los privilegios que tienes como hijo de Dios. Con toda valentía, tú puedes decirle al diablo que quite sus manos de todo lo que ti te pertenece. Tú puedes recuperar y obtener todo sus botines. El te ha estado manteniendo astado, pobre, y enfermo. Ahora que tú ya conoces quién eres realmente en Cristo Jesús, tú puedes ordenarle al diablo que quite sus garras de todos los bienes que a ti te pertenecen. Jesús dijo que tú eres parte de su familia nuevamente, y con el nombre de Jesús en tus labios, *"Si me pedís algo en mi nombre, yo lo haré"* (Juan 14:14).

Parte II

Los demonios y la liberación

Capítulo cuatro

Como echar fuera demonios

Jesús era un exorcista.

Esto presenta un gran problema que muchas de las iglesias contemporáneas deben resolver—como poder reconocer el ministerio de liberación de Jesús sin imitar Su ministerio. Esto es difícil debido a que Jesús no sólo echaba fuera demonios, pero Él también dio a sus discípulos este mismo poder, y animó a todos sus sucesores para que hicieran lo mismo. *"Y estas señales acompañarán a los que han creído: en mi nombre echarán fuera demonios, hablarán en nuevas lenguas"* (Marcos 16:17). Estas señales no eran sólo para los apóstoles de Jesús en aquel entonces, sino también para todos aquellos que creyeran.

Una cosa es que haya algunos en la iglesia hoy en día que tienen dudas acerca de la existencia de milagros en el presente, ¿pero cómo es que esta gente puede decir que la práctica de liberación no es necesaria, siendo que no tienen teología alguno para explicar la desaparición de los demonios de la tierra? Ha sido una experiencia que aún las iglesias que no son carismáticas creen que los demonios existen y que van a ser soltados en una forma mucho mayor, a medida que nos aproximamos a los últimos tiempos. Pero estas gentes han escogido ignorar completamente las palabras de Jesús donde esta prediciendo que Sus seguidores iban a echar demonios fuera en forma rutinaria. Aún si ellos escogen no creer en la sanidad o en el hecho de hablar en lenguas, ¿cómo es que la gente puede ignorar el hecho de echar fuera demonios?

El hecho de echar fuera demonios no es simplemente una manifestación del don de milagros; es una necesidad. Mientras que los demonios sean una cosa real, el hecho de echarlos fuera es algo requerido y necesario en todos los cristianos.

Existen algunos que de hecho se ponen a discutir con relación a que el nacimiento de la profesión psiquiátrica ha sustituido la necesidad que tenemos de echar fuera demonios. Esto sin embargo, presenta un problema mucho mayor para los evangélicos, porque si los psiquiatras han podido remover exitosamente a los demonios a través de medicina y terapia, ¿acaso no deberíamos asumir que el reino de Dios también ha venido a través de estas mismas técnicas?

> *Echar fuera demonios no es simplemente una manifestación del don de milagros; es una necesidad.*

Jesús explicó la conclusión definitiva de su ministerio de liberación: *"Pero si yo expulso los demonios por el Espíritu de Dios, entonces el reino de Dios ha llegado a vosotros"* (Mateo 12:28). Ninguno de los profetas del Antiguo Testamento realizó exorcismos. Ellos realizaron milagros con la naturaleza, pero nunca llegaron a echar fuera demonios. Este acto fue reservado como prueba de que el Mesías había llegado, porque no existía pecador alguno que tuviera autoridad para dar órdenes a estos seres espirituales. Jesús superó por mucho los milagros del Antiguo Testamento por medio de echar fuera demonios. Cuando nosotros ejercitamos este poder y autoridad en el nombre de Jesús, nosotros también, demostramos que pertenecemos al reino de Dios.

Desde el momento en que yo pude aparecer en televisión a nivel nacional, muy frecuentemente me preguntan acerca del ministerio de liberación. Es mi deseo más sincero el poder proveer enseñanza bíblica y práctica en esta área. La mejor manera de poder aprender acerca de echar fuera demonios, es por medio de estudiar el ministerio de Jesús. Vamos a regresar en el tiempo dos mil años atrás, y vamos a examinar el primer ejemplo de liberación.

Primer encuentro de Jesús

Enseguida, en el día de reposo entrando Jesús en la sinagoga comenzó a enseñar. Y se admiraban de su enseñanza; porque les enseñaba como quien tiene autoridad, y no como los escribas. Y he aquí estaba en la sinagoga de ellos un hombre con un espíritu inmundo, el cual comenzó a gritar, diciendo: "¿Qué tenemos que ver contigo, Jesús de Nazaret? ¿Has venido a destruirnos? Yo sé quién eres: el Santo de Dios". Jesús lo reprendió, diciendo: "¡Cállate, y sal de él!" Entonces el espíritu inmundo, causándole convulsiones, gritó a gran voz y salió de él. Y todos se asombraron de tal manera que discutían entre sí, diciendo: "¿Qué es esto? ¡Una enseñanza nueva con autoridad! El manda aun a los espíritus inmundos y le obedecen". (Marcos 1:21–27)

Muchos psicólogos modernos tratan de explicar estas escrituras, por medio de decir que la gente en los días de Jesús no sabía nada acerca de los desórdenes mentales, y que por lo tanto esta es la razón de que crearon el concepto de demonios, para poder explicar las enfermedades mentales de la gente. Sin embargo, no era solamente la gente de esos días quienes creían en la posesión de demonios—Jesús también reconoció la realidad de su existencia. Si los demonios no eran una cosa real, entonces Jesús, el hijo de Dios, había sido engañado, estaba equivocado, y por lo tanto no podía haber sido el Salvador del mundo que no tenía pecado alguno.

Algunos que se llaman teólogos se han atrevido a exponer la teoría de que cuando Jesús tomó en Sí mismo nuestra humanidad, Él también tomó en Sí mismo la ignorancia y la superstición de la raza humana, incluyendo las supersticiones acerca de los demonios. Es muy difícil poder digerir esta teoría. Una cosa es decir que Jesús se convirtió en uno solo, tomando nuestra humanidad, pero otra cosa es decir que Él participó de nuestros errores y de nuestra ignorancia. La Palabra de Dios dice, *"Cristo es...la sabiduría de Dios"* (1ª Corintios 1:24); por lo tanto, Él no tenía parte alguna en la ignorancia humana o en las supersticiones de la raza humana.

En realidad, son todos aquellos que dudan acerca de lo demoníaco, quienes se encuentran ignorantes acerca de los espíritus malignos. Ellos parecen estar razonando acerca de que si algo no puede ser visto, entonces, no puede existir. La Biblia nunca ha establecido que los espíritus puedan ser vistos a través sus manifestaciones en la vida de las gentes. Al mismo tiempo, yo entiendo la preocupación que tienen en el terreno psiquiátrico, cuando se trata de liberaciones.

Ellos están preocupados de que la gente pueda ser lastimada por medio de un acto de exorcismo, y que por lo tanto puedan recibir más daño que ayuda. En esto, yo podría estar de acuerdo, y por lo tanto voy a ofrecer mi consejo y mi guía para todos aquellos que quieren ser usados en el ministerio de liberación.

El ministerio de liberación

La liberación espiritual debe ser llevada a cabo de acuerdo a lo que dicen las Escrituras. El daño que ha sido causado por todos aquellos que se han autodenominado expertos o ministros de liberación es el resultado de haberse desviado a prácticas que no son bíblicas o incluso mucho peor, que van en contra de la Biblia.

La liberación espiritual debe ser llevada a cabo de acuerdo a lo que dice en la Biblia.

En un programa de televisión que pasa a nivel nacional, en una ocasión me preguntaron que compartiera mi punto de vista con relación a la muerte trágica de Ronald Márquez, un hombre que intentó echar fuera demonios de su nieta en el año de 2007. Los oficiales de policía fueron llamados para que fueran al lugar de los hechos, debido a que los parientes estaban muy preocupados acerca de la forma como Márquez estaba intentando exorcizar los demonios de la niña de tres años de edad. Cuando llegaron, los oficiales pudieron escuchar los gritos que venían de la recámara. Les fue muy difícil poder entrar en esa recámara, debido a que Márquez había empujado una cama en contra de la puerta, a fin de mantener fuera a todas aquellas personas que dudan acerca de exorcismo. Una vez que los oficiales habían podido abrir la puerta, ellos descubrieron a Márquez estrangulando a su nieta, mientras que su hija, quien se encontraba desnuda y sangrienta, estaba cantando oraciones religiosas. Márquez murió como resultado de los efectos de una pistola eléctrica que la policía usó para forzarlo a que soltara sus manos de su nieta.

Claramente, éste fue un intento ignorante completamente desviado con relación a echar fuera demonios. Yo le dije a la persona que me estaba entrevistando en este programa de televisión, que parecía que Márquez y su hija eran los que realmente necesitaban la liberación. El ejemplo de posesión de demonio y de desnudez en la Biblia es el hombre loco que se encontraba en el lugar de los Gadarenos, y él era el único que tenía los demonios. (Favor de ver Marcos 5:1–19).

Debido a casos parecidos a los de Márquez, existe una necesidad para enseñanzas que estén basadas en la Biblia, acerca de cómo echar fuera demonios. Las Escrituras nos dan varios hechos muy importantes acerca del ministerio de exorcismo de Jesús. Si podemos seguir el ejemplo de Jesús, vamos a poder ver resultados muy positivos.

1. Jesús se enfocó en enseñar y en predicar, no sólo en liberación, pero cuando surgió la ne cesidad, Él echó fuera demonios.

En la historia de su primera liberación, el motivo por el cual Jesús llegó a la sinagoga era para *enseñar*. La Biblia nos dice que la gente *"se asombró debido a su enseñanza"* (Marcos 1:22). Hoy en día, estoy muy asombrado por la falta de enseñanza que existe con relación a la liberación entre muchos de los ministros y pastores.

Existen algunos que creen que deberían especializarse en la liberación. Yo no estoy de acuerdo con esto. El exorcismo nunca debería ser una especialidad. Cada ministro debería enseñar la Palabra de Dios a toda la gente, y cuando surge la necesidad, entonces echar fuera demonios. No existe necesidad alguna de ir y acudir a "Hermana Liberación" cada vez que alguien necesita ser liberado de demonios. Este tipo de especialistas parecen tener un anuncio que dice lo siguiente: "trae contigo tu saco de cilicio y prepárate a vomitar tus demonios". Desafortunadamente, este tipo de gente no son capaces de permanecer libres de demonios debido a una falta de entendimiento de la Palabra de Dios. Debes entender, que yo he visto gente vomitando después de que han sido liberados, pero yo no busco específicamente este tipo de manifestaciones.

> *El exorcismo nunca debería ser una especialidad. Cada ministro debería enseñar la Palabra de Dios a la gente, y cuando surja la necesidad, echar fuera demonios.*

Alguien puede preguntar, "¿Por qué parece ser que la gente tose o se vomita cada vez que los demonios están saliendo?" Yo explicó que existe un precedente en las escrituras para las manifestaciones físicas. La Biblia dice, "*Entonces el espíritu inmundo, causándole convulsiones, gritó a gran voz y salió de él*" (Marcos 1:26). Es algo muy normal que existan manifestaciones físicas cuando los espíritus están saliendo, especialmente las manifestaciones físicas a través de la boca. Esto es exactamente lo que sucedió cuando Felipe estaba echando fuera espíritus o demonios: *"Porque de muchos que tenían espíritus inmundos, éstos salían de ellos gritando a gran voz"* (Hechos 8:7). Parece ser que la salida más normal para los espíritus inmundos es a través de la boca. Después de todo es algo muy normal y lógico que nuestras bocas tan grandotas abrieron la puerta para que ellos entraran en primer lugar. De esta manera suena muy razonable que la boca sería el lugar de salida también. El hecho de toser y vomitar son también manifestaciones de la boca.

Durante mi juventud, yo trabajé en un restaurante local, y uno de mis compañeros de trabajo en una ocasión me confirió algo. "Tom", ella dijo, "yo sé que tu vas a pensar que yo estoy loca, pero yo siento que tengo un demonio dentro de mí. Casi todas las noches cuando me voy a la cama, este espíritu comienza a asustarme". Esa muchacha no era carismática. Ella ni siquiera era cristiana en aquel entonces. Ella simplemente creía que los demonios o los espíritus inmundos eran reales.

Yo le dije que yo creía lo que ella estaba diciendo, y que iba a tratar de ayudarla. Terminamos la conversación y continuamos trabajando. Más tarde, después de que cerramos el restaurante y comenzamos a limpiarlo, el Señor Jesús me habló diciendo, "Tom, si tú te diriges al espíritu inmundo que está dentro de ella y le hablas, el demonio va a salir".

Yo caminé hacia dónde se encontraba esta muchacha, mientras que ella estaba aspirando la alfombra. Le dije a ella, "El Señor Jesús me habló y me dijo que le dijera al espíritu que está dentro de ti que se vaya, y se va a ir".

Ella apagó la aspiradora y dijo, "Está bien. Dile que se vaya".

Yo apunté mi dedo hacia ella—y ella se encontraba como a tres metros de distancia de mi—y le dije al espíritu inmundo, "En el nombre de Jesús, te ordenó espíritu inmundo, ¡qué salgas de ella!"

En el momento en que yo dije eso, ella tragó saliva, "¡Ugh!" Ella tartamudeó, y exclamó, "Algo salió de mi boca. ¿Qué fue eso?"

"Ese fue el demonio. ¡Ya se fue!"

Déjame repetir esto. Esta muchacha no sabía *nada* acerca del movimiento carismático. Ella nunca había visto gente que fuera liberada de espíritus malignos. Ella no tenía ninguna experiencia en el pasado que le hubiera causado pensar que el demonio iba a salir de su boca. Pero así pasó. Este incidente es muy similar a los ejemplos bíblicos de pegar un chillido.

En la mayoría de las liberaciones en las cuales yo he estado involucrado, los demonios salen de la gente con gritos o chillidos. Esto incluye gritos, voces fuertes, gruñidos, gemidos y sonidos vocales semejantes. Por el otro lado, yo nunca forzó a nadie, ni motivo a que la gente haga nada de esto. Yo simplemente ordenó que sean libres.

2. Jesús echó fuera demonios en forma regular.

A la caída de la tarde, después de la puesta del sol, le trajeron todos los que estaban enfermos y los endemoniados. Y toda la ciudad se había amontonado a la puerta. Y sanó a muchos que estaban enfermos de diversas enfermedades, y expulsó

muchos demonios; y no dejaba hablar a los demo-
nios, porque ellos sabían quién era El.

(Marcos 1:32–34)

Jesús *"expulsó muchos demonios"*. Algunas gentes tienen la falsa impresión de que no existen muchos demonios, y aquellos que existen se encuentran escondidos en países del tercer mundo, lejos de la sociedades y naciones más desarrolladas, e iluminadas por el desarrollo. Un famoso psiquiatra cristiano escribió,

> Yo puedo decir honestamente que nunca he visto un solo caso de posesión de demonios…Yo creo que probablemente algún demonio puede poseer personas en varias partes del mundo.
>
> Yo he tenido cientos de pacientes que vienen a verme porque ellos piensan que han estado siendo poseídos por demonios. Muchos de ellos escuchan "voces de demonios" que les dicen que hagan cosas malas. Al principio fue algo muy sorprendente para mí el hecho de que todos estos pacientes tenían deficiencia de dopamina en sus cerebros, lo cual fue corregido muy rápidamente con el uso de Torazine o de cualquier otro tranquilizante funcional.[1]

¿Por qué es que algunos demonios dejaron de manifestarse a sí mismos cuando los pacientes comienzan a tomar tranquilizantes? He podido hablar con muchas de estas gentes que se encuentran en tratamiento con diferentes tipos de medicamentos, y algunos de ellos me han dicho que las voces que escuchaban no han cesado. Tal vez ya no son tan fuertes

---

[1]Danny Korem y Paul Meier, *The Fakers*, tal y como es referido en el libro de Josh McDowell y Don Stewart, *Handbook of Today's Religions*, 178.

> *Los medicamentos pueden proveer un alivio temporal de las voces de los demonios, pero la respuesta permanente para poder echarlos fuera, sólo se encuentra en la liberación total por medio del poder de Dios.*

como antes, pero las voces continúan. La razón de que las voces disminuyen de intensidad se debe a que la gente está siendo sedada. La personalidad de los pacientes está siendo disminuida. Esto es como la gente de Gadarena que ataron al hombre que tenía los demonios con cadenas, para que él no pudiera lastimarse asimismo y a los demás. Las cadenas no liberaron al hombre; ellas solamente restringieron el hecho de que los demonios pudieran tomar un control total. Los medicamentos pueden proveer un alivio temporal de las voces de los demonios, pero la respuesta permanente para poder echarlos fuera, sólo se encuentra en la liberación total por medio del poder de Dios.

En algunos casos, yo creo que el problema es completamente psicológico. He podido encontrar que si las voces se van completamente, y la persona "se mejora", entonces yo puedo dudar que el problema consistiera en demonios en primer lugar. Los demonios no van a ser removidos por medio de tomar medicamentos. Yo aconsejo frecuentemente a personas con este tipo de problemas que continúen tomando sus medicamentos si es que acaso están obteniendo algún resultado, y que dejen de estar buscando demonios en sus vidas.

3. Jesús no echó fuera demonios de todas las personas.

En el caso de la persona endemoniada que se encontraba en la sinagoga, Jesús sólo echó fuera demonios de ese hombre únicamente. Nadie más fue liberado. Jesús nunca ha se puso a repartir bolsas a todos los demás diciendo, "bueno todos ustedes, prepárense a ser liberados".

Parece ser que el cuerpo de Cristo no puede encontrar el punto medio en este tema. Ellos caen un en un hoyo ya sea de un lado o del otro, en un extremo o en el otro. Algunos dicen que es imposible que los cristianos sean poseídos; otros declaran que todo mundo tiene demonios. En mi experiencia, ninguna de estas dos posiciones es correcta.

Los demonios pueden entrar en muchas personas, pero no en todas ellas. Por ejemplo, no existe mención alguna acerca de los apóstoles, excepto tal vez Judas, que pudo haber tenido demonios. Ellos eran humanos y pudieron haber cometido errores y pudieron hacer cosas torpes, pero ni una sola vez hubo demonios que entraran en ellos o que los poseyeran. La cosa más cercana a una posesión de demonios en su vida

Los demonios pueden entrar en muchas personas, pero no en todas.

fue cuando Cristo Jesús reprendió a Pedro. Jesús le dijo, *"¡Apártate de mí Satanás!"* (Mateo 16:23, NVI). Jesús hablo directamente al diablo, que estaba usando a Pedro, pero no echó fuera demonios de Pedro jamás.

4. Jesús nunca se puso a platicar con los demonios.

En Marcos capítulo 5, Jesús le dice al demonio, *"¡Sal del hombre, espíritu inmundo!"* (versículo 8). La manera usual de hablarles a los demonios es darles una orden. En este caso, Jesús continuó preguntándole al demonio, *"¿Cómo te llamas?"* (versículo 9). En algunas ocasiones esto puede ayudar, especialmente cuando el demonio está poniendo una fiera lucha.

En ocasiones, yo también le pido al demonio que me dé su nombre, para que yo pueda entender completamente lo que le ha estado haciendo a la víctima. Los nombres normalmente tienen que ver con sus actividades, tales como, "lujuria, odio, asesinato", etc. Muy pocas veces he podido escuchar que los demonios usen las cuerdas vocales de las personas a quien tienen poseídas, para decirme sus nombres; en la mayoría de los casos, yo puedo escuchar sus nombres en el espíritu.

Frecuentemente, cuando yo hablo o declaro el nombre específico de algún demonio o demonios, la persona por la cual estamos orando va a reaccionar voluntariamente, como si se sorprendiera de que yo conociera el problema a fondo. En este punto, la persona normalmente recibe su liberación en cuestión de minutos.

Yo no encuentro ningún caso en la Biblia donde el Señor Jesús sostuviera conversaciones con los demonios, y por lo tanto yo no pienso que es sabio involucrarse en diálogos con los demonios. En la mayoría de los casos, Jesús les ordenó a los demonios que permanecían en silencio. Permítanme compartir contigo una experiencia que ilustra la inutilidad de mantener conversaciones con los demonios.

Mi experiencia personal

En una ocasión, alguien vino golpeando a mi puerta. A medida que yo abrí la puerta, uno de los miembros de mi iglesia corrió hacia adentro, gritando, "¡Tom, tú tienes que venir conmigo rápidamente! Hay un hombre que está poseído de demonios. ¡Necesitamos tu ayuda para poder echarlos fuera!" Yo fui con él.

Cuando llegue, había como cuatro hombres que estaban tratando de exorcizar los demonios de este hombre. Cada uno de ellos estaba gritando cosas diferentes: "¿Cuál es tu nombre?" "Dinos acerca del mundo de los espíritus". " ¿Dínos de dónde vienes?" "Dinos cuál es la función de los demonios en México". Cada uno de ellos parecía mucho más interesado en hablar con los demonios que en echarlos fuera. Cada vez que ellos trataban de agarrar al hombre y sostenerlo contra el piso, el endemoniado simplemente los arrojaba a ellos al otro lado del cuarto. Uno de ellos volvió y me dijo, "Tom, estos demonios no quieren irse. Hemos estado haciendo esto por varias horas. ¿Por qué no lo intentas tú? Tal vez tú puedas echarlos fuera".

Yo caminé para acercarme a este hombre, caminé hacia él y con mi mano derecha, toqué su hombro. Mirándole fijamente a los ojos, y yo dije, "Yo no estoy hablando a los demonios, yo te estoy hablando a ti. Por favor, ven para acá y siéntate en este sillón aquí conmigo". Él lo hizo así.

Yo le pregunté, "¿Cuánto tiempo llevabas tú estando así?"

"Por muchos años, yo he estado escuchando a estos demonios que me hablan y que además hablan a través de mí. Yo quiero ser libre pero no puedo".

"¡Sí, tú sí puedes!" Yo le asegure. "Y yo creo que tú vas a poder ser libre hoy mismo".

"¿Acaso tú puedes echar estos demonios fuera de mí?"

"Sí, yo puedo, con el poder de Dios".

El mostró una sonrisa, "Yo creo que tú puedes".

"Yo sé que yo puedo". Yo puse mis manos en este hombre y calmadamente dije aunque muy firmemente, "En el nombre de Jesús, yo ordenó que todos estos espíritus malignos salgan de él". Yo nombré varios espíritus que yo creía que estaban dentro de él, y tan pronto como yo dije eso, el hombre miró directamente hacia mí con una grande sonrisa.

"¡Se han ido!" el exclamó. Los otros hombres también pudieron sentir que los espíritus inmundos se habían ido de aquel hombre.

Ésa noche, el líder de este grupo se acercó a mí en privado y me preguntó, "¿Tom, qué es lo que estábamos haciendo que estuvo equivocado? ¿Por qué no pudimos nosotros echar fuera esos espíritus?"

Yo le expliqué a él, "Ustedes no debían haber estado manteniendo conversaciones con esos demonios. Al hacer eso, ustedes estaban prolongando la liberación. ¡Simplemente deben tomar autoridad sobre los espíritus inmundos y echarlos fuera!" El aceptó lo que yo le dije.

5. Jesús echó fuera a los demonios con Su Palabra.

Cuando Jesús echó fuera al demonio del hombre que se encontraba en la sinagoga, la gente se asombró muchísimo. Ellos dijeron, "*Les da órdenes incluso a los espíritus malignos, y ellos lo obedecen*" (Marcos 1:27, NVI). Ellos no estaban acostumbrados a ver que se les diera órdenes a los demonios simplemente usando palabras, pero esa es la forma exactamente como Jesús liberó a la gente. Otra Escritura nos dice, "*Y al atardecer, le trajeron muchos endemoniados; y expulsó a los espíritus con su palabra, y sanó a todos los que estaban enfermos*" (Mateo 8:16).

Jesús echó fuera a los demonios simplemente por medio de Su Palabra; Él no uso ninguna otra cosa. Muy frecuentemente yo me sorprendo cuando veo cristianos que están dependiendo en diferentes métodos muy exóticos para echar fuera demonios. El único método que tú necesitas es tu boca. Tus palabras pueden echar fuera demonios.

El único método que tú necesitas es tu boca. Tus palabras pueden echar fuera a los demonios.

Aún así, todavía existen aquellos que están tratando de realizar exorcismos de la misma manera como ven que se hace en las películas o en el cine—con agua bendita, usando un crucifijo, usando velas, incienso, collares de rosario, o cualquier otra cosa que ellos piensan que puede ser efectivo para echar fuera demonios. Hay una sola cosa que les está faltando y que es crucial: la fe.

Pervirtiendo el exorcismo

La Biblia registra una ocasión cuando los discípulos no pudieron echar fuera a un demonio de un muchacho. Cuando Jesús llegó y vio el muchacho todavía está poseído, el reprendió a los discípulos y dijo, "*Oh generación incrédula y perversa*" (Mateo 17:17). Debes notar que Jesús no sólo los llamó a ellos generación incrédula, sino que también los llamó *"generación perversa"*. La palabra *perversa* significa "algo que internamente es bueno, pero que ha sido transformado en algo malo". Cristo Jesús estaba esperando que Sus discípulos usaran Su nombre para echar fuera demonios. Evidentemente, los discípulos han de haber estado intentando otros medios completamente diferentes, y tal vez algunos de los métodos más elaborados que usaban los judíos normalmente para el exorcismo.

Jesús nos dice que debemos depender solamente en Su nombre. El nombre de Jesús tiene la autoridad para hacer que los demonios se postren. Con el poder del Espíritu Santo y con tu conocimiento de la Palabra de Dios, tú tienes todo lo que necesitas para poder echar fuera a los demonios exitosamente.

Capítulo cinco

¿Acaso los cristianos pueden tener demonios?

Esta es la pregunta número uno que yo escucho que hace la gente. En respuesta a esto, me gusta apuntar el hecho de que el primer intento exitoso de Jesús para echar fuera a un demonio fue precisamente de un hombre dentro de la sinagoga, y no a alguien en alguna ceremonia "de tipo vudú" pagana. Este hombre era un judío ortodoxo y se encontraba en un lugar de adoración.

En aquellos días, era una práctica común el hecho de excluir de la asistencia a la sinagoga a todos aquellos que no estuvieran "pre aprobados" por los fariseos. Cuando Jesús fue criticado por gastar dinero con los leprosos, con los recaudadores de impuestos, y con las prostitutas, esto se debía a qué este tipo de gente eran clasificados como "no limpios o inmundos", y no se les permitía que entraran a la Casa de Dios. Incluso un hombre que se convertía en un creyente de Dios, no podía entrar a la sinagoga, a menos que fuera a través de una completa conversión judía, lo cual incluía una circuncisión. Por lo tanto, si la primera liberación de Jesús se llevó a cabo dentro de una sinagoga, debió haber sido para liberar a un creyente judío ortodoxo.

Algunos han apuntado el hecho de que esta persona pudo haber sido judío, pero que definitivamente no se trataba de un cristiano. Ellos sostienen la creencia de que un auténtico cristiano, que realmente ha nacido de nuevo y que le pertenece a Dios, no puede ser *poseído* por ningún demonio, porque esto implica ser dueño de esa cosa, y sólo Dios es el dueño de los creyentes o del creyente.

¿Qué es la posesión de demonios?

Vamos a comenzar por definir el término *posesión de demonios*. Tal y como muchos eruditos han apuntado, la palabra *posesión* no tiene ningún equivalente en el lenguaje original griego. Fue añadida por los primeros traductores y por consecuencia ha obtenido diferentes significados y conceptos. La gente muy raramente usa cualquier otra palabra que no sea la palabra *posesión* para describir a alguien que está haciendo usado o atacado por los demonios. La palabra griega que realmente se está utilizando significa "demonizar". La *Concordancia de Strong* sugiere otro significado muy probable: "sacar de quicio". Sacar de quicio significa "irritar, molestar, o provocar; atormentar, atribular, o preocupar". Esta forma de sacar a alguien de quicio muy probablemente y simplemente puede ser que se trata de un demonio en el "exterior" atormentando o molestando al creyente, lo cual es muy similar al aguijón de Pablo en la carne. Pablo llamaba a esto *"un mensajero de Satanás, para que me atormentarme"* (2ª Corintios 12:7, NVI). El demonio no se encontraba dentro de Pablo, pero parecía estar en el exterior, atormentando y tratando de levantar todo tipo de problemas para él. En este caso, el *"mensajero de Satanás"* estaba levantando todo tipo de persecuciones en contra de Pablo. La mayoría no discute en contra de que existe la posibilidad de que haya demonios afligiendo a los creyentes desde el exterior; sin embargo ellos tienen muchas dificultades, para creer que los demonios pueden residir dentro de los creyentes.

De nuevo, necesitamos poder llegar a definir lo que significa cuando decimos *dentro*. Existen muchísimos tipos de cosas dentro de mí: mis órganos, eso es algo completamente seguro y cierto, pero también existen mis pensamientos y mis emociones dentro de mí. Es en el área de los pensamientos que los demonios trabajan principalmente. Esta es la razón porque en la mayoría de los casos de demonización en la Biblia muy frecuentemente son descritos como algún

Es principalmente en el área de los pensamientos que trabajan los demonios.

tipo de demencia, enfermedad mental, o algún tipo de condición emocional. ¿Por qué es tan difícil poder aceptar el hecho de que los demonios puedan estar infectando la vida pensante de un individuo?

Por supuesto, la cosa más importante que existe dentro de mí es mi espíritu. Déjame poner muy en claro que yo no creo que un demonio pueda habitar dentro del espíritu de un cristiano que ha nacido de nuevo. Mi espíritu es la parte de mí ser que ha nacido de nuevo. Mi cuerpo no fue nacido de nuevo, y tampoco lo fue mi mente. La Biblia dice, "*Si alguno está en Cristo, nueva criatura es*" (2ª Corintios 5:17). ¿Cuál es la parte de mí ser que se ha convertido en una nueva criatura? Ciertamente no lo es mi cuerpo. Yo todavía sigo teniendo el mismo viejo cuerpo que yo tenía cuando fui salvo por primera vez, aunque se está poniendo más viejo y más débil. Mi mente, aunque ha tenido algunos cambios, definitivamente no es "una nueva creación". Pablo estaba exhortando a los creyentes a que hicieran algo con relación a sus dos partes, tanto su cuerpo como su mente:

> *Por consiguiente, hermanos, os ruego por las misericordias de Dios que presentéis vuestros cuerpos como sacrificio vivo y santo, aceptable a Dios, que es vuestro culto racional. Y no os adaptéis a este mundo, sino transformaos mediante la renovación de vuestra mente, para que verifiquéis cuál es la voluntad de Dios: lo que es bueno, aceptable y perfecto.* (Romanos 12:1–2)

De acuerdo a lo que dice Pablo, un creyente, después de su conversión, todavía tiene la responsabilidad de obrar y trabajar con su cuerpo y con su mente. ¿Qué es lo que sucede cuando el creyente rehúsa ofrecer su cuerpo como sacrificio vivo, o cuando rehúsa renovar su mente? ¿Podría posiblemente esta situación abrir la puerta para que los demonios tomen ventaja, especialmente si el individuo se ha involucrado en la lujuria de la carne o ha estado jugando con pensamientos equivocados? En casos como éstos, yo creo que es muy razonable poder asumir que los demonios podrían tomar ventaja de un creyente.

Mientras que yo podría estar de acuerdo en que un demonio nunca puede llegar a poseer a un creyente en el sentido de "ser dueño de él", esto no significa que un demonio no pueda sacar de quicio a un creyente. La mayoría de los

teólogos podrían estar de acuerdo con
esto, hasta en tanto que esta molestia,
opresión, o sacar de quicio, ocurra desde
el exterior del creyente. La liberación no
es necesaria, sin embargo, si un demonio
se encuentra en *el exterior*. Todo lo que
se necesita en un caso como éste, es que
el creyente simplemente resista al demonio, y el demonio tendrá que huir. Pero
cuando un demonio se encuentra dentro del creyente, el creyente va a necesitar ayuda de otros para poder obtener
la victoria. Tal tipo de ayuda se llama
liberación.

*Mientras que
yo podría estar
de acuerdo en
que un demonio
nunca puede
llegar a poseer
a un creyente
en el sentido
de "ser dueño
de él", esto no
significa que
un demonio no
pueda molestar
a un creyente.*

La principal diferencia que distingue
a los demonios que se encuentra en el
interior, de los demonios que se encuen-
tran en el exterior la podemos ver en el área del autocontrol. ¿Acaso el creyente todavía tiene el control para poder
echar fuera al demonio? Si el creyente todavía tiene control,
el demonio se encuentra en el exterior. Cuando un demonio
se encuentra en el interior, esa persona pierde parte de su
control. Esto puede ocurrir por medio de drogas, alcohol, la
pornografía, lujuria, glotonería, enojo o cualquier otro tipo
de adicciones que llegan a controlar la vida totalmente. Es
en este punto, que no se encuentra muy lejos de que las cosas lleguen a un punto tal como es el abuso físico y sexual,
las violaciones, incesto, homosexualidad, y un sinnúmero de
otro tipo de comportamientos peligrosos. Alguien que ha
sido atrapado en este tipo de ciclos—es una persona que se

siente que no tiene esperanza alguna para poder cambiar—
y muy frecuentemente va a requerir liberación. (Vamos a
poder discutir el tema del autocontrol más adelante y más
ampliamente en el capítulo ocho).

Otra señal de que los demonios están trabajando desde el interior, es que la persona tiene el sentimiento de que
existe otra personalidad trabajando dentro de él o ella, para
hacerlo o hacerla que realice cosas que normalmente no haría en su estado normal. Algunas personas me han dicho los
actos despreciables que ellos han realizado bajo el control
demoníaco. Muchos dicen que sienten como si fueran simples espectadores observando que sus cuerpos realizan todas estas cosas. Era como si alguien aparte de ellos mismos
estaba realizando todos esos actos.

Ángela

Ángela era una madre primeriza que parecía ser normal
hasta que ella sintió una personalidad muy extraña que se
metió dentro de ella. Ella comenzó a mostrar un comportamiento muy extraño. Ella comenzó a hablar como si fuera
otra persona quien estaba usando sus cuerdas vocales. Su
marido no sabía exactamente lo que debía hacer, pero él re-
portó el extraño comportamiento de su esposa a su madre.
Él se preguntaba si tal vez éste sería un caso de depresión
postparto. Aún así, ¿dónde tenían su origen esas voces?
Habiendo escuchado mis mensajes en la radio, la madre
había escrito nuestro número de teléfono en caso de que alguna ocasión ella pudiera necesitar oración. ¡Ella necesitaba
oración en ese mismo momento!

Yo recuerdo haber contestado esa llamada. Era muy
tarde en la noche, yo podía escuchar muchos gritos en el

ambiente del otro lado del teléfono. Traté de calmar a la mamá, ¡pero ella siguió insistiendo en que su hija estaba poseída! Lo que yo estaba escuchando parecía confirmar la declaración de esta mujer. Escribí su dirección en un papel, y fui hasta su casa, acompañado por mi esposa.

Cuando yo llegué, pude observar a la mujer oprimida que estaba toda encogida en el sofá, gruñendo y mirándome con ojos intensos. Yo me acerqué a la mujer y volteé a preguntarle a su marido, el cual estaba muy confundido y no podía entender lo que estaba sucediendo. El era un hombre con muy poca fe y con muy poco conocimiento de la Palabra de Dios.

Entonces, yo comencé a hablarle claramente al espíritu inmundo y le dije que se saliera. Para el asombro del marido, el espíritu dejó a Ángela, y ella de inmediato regresó a su estado mental normal. Ella no podía recordar nada de lo que había sucedido, y estaba preguntando quién era yo, y porque me encontraba yo en su hogar. Todo este incidente era como una hoja en blanco para ella. Ella pudo mencionar como se había estado sintiendo deprimida después de haber tenido a su bebé, y ella tenía muy poca memoria de alguien que pudiera haber entrado en ella. Aunque la depresión postparto es una condición médica real, esta mujer claramente tenía algo mucho más que solamente "la tristeza de una madre primeriza". Ella necesitaba liberación.

¿Por qué parece que los cristianos son los únicos que están siendo liberados?

Debido a que muchos rechazan el concepto de que los cristianos pueden ser habitados por demonios, ellos también llegan a la conclusión de que la práctica de liberación no es de Dios. Mucha gente puede estar preguntando o pidiendo algún ejemplo bíblico de un cristiano completo que necesitó liberación después del día de Pentecostés. Debido a que no existe ningún registro de tal persona en el libro de los Hechos, ellos concluyen que los cristianos no pueden tener demonios.

Sin embargo, el libro de los Hechos, no fue escrito con la intención de ser un libro de instrucción acerca de la liberación, pero simplemente una revisión histórica de cómo se esparció el cristianismo. Nos dice la forma como los gentiles fueron incorporados a la iglesia, sin el requerimiento de que se convirtieran en judíos. Nos cuenta con detalle la persecución que sostuvo la iglesia primitiva, y la creación de nuevas iglesias. Cualquier caso de cristianos que necesitaba liberación está mucho más allá de la perspectiva de este libro. Sin embargo, sólo debido a que no se trata con la liberación en este libro, esto no significa que esto nunca existió. Gracias a que tenemos relatos bíblicos de liberación demoniaca, y usando estos relatos, podemos aplicar la simple lógica para poder responder algunas preguntas que la gente ha realizado.

El ministerio de liberación de Felipe

Felipe, descendiendo a la ciudad de Samaria, les predicaba a Cristo. Y las multitudes unánimes prestaban atención a lo que Felipe decía, al oír y ver las señales que hacía. Porque de muchos que tenían espíritus inmundos, éstos salían de ellos gritando a gran voz; y muchos que habían sido paralíticos y

cojos eran sanados. Y había gran regocijo en aque-
lla ciudad. (Hechos 8:5–8)

La gente en Samaria necesitaba liberación. Y no sólo unos cuantos; al contrario, había muchos que necesitaba liberación. Cuando Felipe llegó a ese lugar, él echó fuera muchos demonios de todas esas gentes, y les trajo a ellos la obra salvadora de Cristo Jesús. De nuevo, los críticos van a querer sostener que Felipe estaba echando fuera demonios de personas que eran pecadores, y yo voy a estar de acuerdo. Sin embargo, esta también nos está dando un precedente muy importante para el evangelismo. Mientras que la iglesia contemporánea normalmente pasa por alto la liberación, y va directamente a la conversión y al bautismo, Felipe reconoció que existía la necesidad de liberar a los pecadores de todos sus demonios, antes de traerlos a una completa conversión.

Este pasaje también explora otra posibilidad que es muy real: los cristianos pueden necesitar liberación si sus demonios no fueron echados fuera antes de que llegaran a su conversión. Algunas personas parecen sugerir que una vez que los pecadores han sido salvos, cualquier tipo de demonio automáticamente se va. Si éste fuera el caso, ¿entonces porque es que el hermano Felipe se molestó en echar fuera los demonios, si en el momento de convertirlos todo esto hubiera sucedido? Hubiera parecido que Felipe estaba gastando su tiempo de balde, al echar fuera a los demonios,

Algunos cristianos pueden necesitar liberación, si es que los demonios no fueron echados fuera antes de su conversión.

cuando lo único hubiera tenido que hacer, era compartir el Evangelio con la gente.

Yo creo el movimiento evangélico de estos días modernos ha descuidado el hecho de ejercitar este ministerio tan importante. En lugar de seguir el ejemplo de Felipe, ellos pasan por alto la necesidad que tienen los pecadores de ser liberados, y muy rápidamente los traen hasta el bautismo y todo el otro tipo de sacramentos. Sin embargo, tenemos el derecho de cuestionar este modelo de evangelismo: predicar el evangelio, guiar a los pecadores en una oración, bautizarlos, e instruirlos para que lleguen a formar parte de la membresía de la iglesia. ¿Pero qué pasa si los demonios se encuentran activos en la vida de ellos? ¿Acaso estamos ignorando esta posibilidad?

Si no se soluciona el problema de sus demonios, los cristianos muy frecuentemente no pueden vivir en todo el potencial de lo que significa ser un seguidor de Cristo Jesús.

Me perturba bastante el hecho de que vemos muchos creyentes que se encuentran en una grande necesidad de liberación. Yo sospecho que la culpa real es la falla que han tenido los ministros del Evangelio para liberarlos de los demonios antes de que ellos sean convertidos. Si no hacemos este paso, ahora nos encontramos atorados después del hecho de que, estamos tratando de traer liberación a estas personas. Muchos de nosotros que nos encontramos dentro del movimiento de liberación, aparte de todo, somos reprendidos por los cazadores de herejes, por el hecho de estar echando fuera demonios de cristianos que debían haber recibido liberación a través de los ministros que los trajeron a Cristo Jesús. Esto no es nuestra falla, ni tampoco es falla por parte de los convertidos, de que el modelo moderno del evangelismo se ha desviado del modelo bíblico de la liberación. Por lo tanto, no me sorprende que haya tantos cristianos que necesitan liberación.

Yo podría estimar que más de la mitad de las liberaciones que he realizado han sido en cristianos que tenían demonios influenciando sus vidas, aún antes de que ellos llegaran a la salvación. En la mayoría de los casos, yo pude ver que sus problemas comenzaron aún mucho antes de su experiencia de haber nacido de nuevo. Fue solamente después de que yo les suministre a ellos la liberación, que ellos pudieron experimentar la libertad y la liberación de los demonios que existían en su pasado.

Cuando los críticos insisten en que es imposible que los cristianos tengan demonios, ellos también tienen que ser honestos acerca de la forma como la iglesia ha fallado en atacar eficazmente la actividad demoniaca que se encuentra en la vida de los creyentes. Si no se trata con los demonios que han tenido en su pasado, los cristianos muy frecuentemente no pueden llegar a vivir en todo el potencial de lo que significa ser un verdadero seguidor de Cristo Jesús. La liberación puede ser la única solución para ellos. Yo encuentro que es muy inútil el hecho de ponerse a discutir en contra de la necesidad que tienen de tener liberación, basándose únicamente en el hecho de que sus experiencias de conversión han removido automáticamente todos los demonios de su vida.

Jaime

Jaime era un pastor maravilloso; él y su esposa amaban completamente al Señor Jesús. Sin embargo, estaba muy sorprendido cuando escuché la forma como ellos llegaron a Cristo Jesús. Ellos habían estado practicando las creencias de la Nueva Era antes de que fueran salvos. De hecho, ellos no eran solamente aficionados en este tipo de cosas, sino que llegaron a ser líderes de ese movimiento. Después de ver que tán involucradas estaban sus vidas en esa mentira, ellos pudieron ver la verdad y encontraron a Cristo Jesús.

El ministro que los ayudó a encontrar a Cristo Jesús, sin embargo, no practicaba la liberación, y por lo tanto, aunque ellos amaban al Señor Jesús, todavía tenían demonios que estaban influenciando sus vidas. Estos demonios estaban trabajando para destruir su matrimonio, y para confundirlos con relación a su caminar en Cristo Jesús.

No fue sino hasta que ellos asistieron a una reunión de los Hombres de Negocios del Evangelio Completo, que ellos pudieron ver la verdad acerca de los demonios en sus vidas. En esa reunión, ellos pudieron escuchar la historia de la liberación de un hombre, y ellos percibieron correctamente que ellos también, necesitaban liberación. Ellos pasaron hacia el frente, y en el momento en que oraron por ellos, todas las voces de los demonios comenzaron a hablar a través de esta pareja. Después de unos minutos, ellos fueron completamente libres.

Después de haber sido liberados, ellos pudieron crecer en el Señor Cristo Jesús en una forma mucho más fácil. Ellos encontraron que les había nacido una nueva hambre

por la Palabra de Dios, la cual ellos no habían tenido antes. Hoy en día, ellos están sirviendo al Señor de tiempo
completo, compartiendo el Evangelio en el pequeño pueblo
donde viven.

El primer asunto, por lo tanto, no se trata acerca de que
los demonios puedan o no puedan entrar en un cristiano,
sino si acaso ellos pueden permanecer en un cristiano, si no
son echados fuera cuando el individuo es salvo. Basados en
el ejemplo que vimos de Felipe en el libro de los Hechos,
hemos podido ver claramente el peligro que existe en traer a
la gente a los pies de Cristo Jesús sin primero echar fuera de
ellos cualquier actividad demoniaca que exista; de otra manera, esos demonios van a entrar directamente a la iglesia.

Capítulo seis

Puertas abiertas para los demonios

Tal y como lo establecí en el capítulo anterior, no existe indicación alguna en las Escrituras con relación a que los demonios salen *automáticamente* de una persona cuando ésta se salva. Esta idea de "liberación automática" no sólo no es Bíblica, sino que también es muy peligrosa, y puede llevar a dos terribles consecuencias: en primer lugar, va a forzar a la gente a suprimir la raíz de su problema; en segundo lugar, ellos van a desarrollar un falso sentido de seguridad.

Imagínate que a ti te han enseñado que los creyentes no pueden tener demonios, pero sin embargo, tú tienes todas las características de una demonización. Tú te verías forzado a negar o ignorar todos los sentimientos derivados de esto. Esto solamente lleva a otro tipo de problemas espirituales. En lugar de poder usar el tiempo necesario, tratando de crecer como un cristiano, tú te podrías encontrar usando la mayoría de su energía espiritual, para tratar de suprimir a los demonios. Tú estarías trabajando muchísimo tiempo, tratando de poner una buena apariencia para la iglesia, pensando que tu pastor y todos tus compañeros congregantes no quieren encarar la realidad de su falsa doctrina, con relación a que los cristianos no pueden tener demonios.

La película *Unbreakable*, donde la estrella principal es Bruce Willis, tipifica el problema que surge como resultado de que tú eres incondicionalmente inmune a los demonios. El carácter del personaje principal que interpreta Bruce Willis, y que es llamado David Dunn, descubre una verdad abrumadora: nada puede dañarlo a él, independientemente de lo que él haga. El vive toda su vida continuamente atreviéndose a correr peligros extremos, porque él se siente completamente invencible. Desafortunadamente, a su vida le falta la pasión que viene junto con el riesgo de la pérdida. No existe emoción alguna al tratar de vivir, si tú no tienes el riesgo de fracasar. Esto es como estar observando un juego que ha sido video grabado acerca de tu equipo favorito de deporte—no es tan emocionante si tú ya sabes el resultado antes de que observes el partido. Incluso si tu equipo es el equipo que gana el partido, tú no vas a sentir mucha emoción al observar ese partido de fútbol. La emoción viene derivada de la posibilidad de perder.

Los demonios te pueden atacar, si tú crees en la mentira que ellos no pueden hacerlo, y tú vas a estar tomando riesgos con tu propia alma, debido a que tú crees que eres invencible.

Sin embargo, peores cosas pueden ocurrir cuando en forma equivocada te han dicho que tú eres a automáticamente inmune a los demonios. Tu comportamiento va a ser muy arriesgado, y lo único que va a hacer es abrir puertas para demonización adicional. En verdad, los demonios te pueden atacar, si tú crees la mentira de que ellos no pueden hacerlo, y tú vas a estar tomando riesgos con tu misma alma, debido a que tú piensas que eres invencible. En lugar de estar alerta, vigilante y prote-giéndote a ti mismo de las estrategias del diablo, tú vas a estar ignorando imprudentemente el peligro, y consideran-do a tu enemigo como algo muy inocente, permitiéndole a los demonios que tomen ventaja de tu comportamiento que tiene un exceso de confianza.

Templo del Espíritu Santo

Otra explicación para defender esta teoría es que los de-monios no pueden entrar en los cristianos, debido a que los cristianos son templo del Espíritu Santo. Esto es verdad— si es que acaso mantenemos nuestros cuerpos en pureza. Ciertamente, ningún demonio va a entrar en nuestros cuer-pos puros. El problema viene cuando los creyentes caen ante los pecados carnales. A medida que lo hacen, ellos están abriéndose a sí mismos a las actividades demoníacas.

Practicando un estilo de vida pecaminoso

Es muy interesante poder anotar que el pasaje que men-ciona que los cristianos son el templo del Espíritu Santo, fue escrito con el propósito de advertir a los cristianos que no cometieran pecados sexuales. Pablo dijo, *"Huid de la fornicación....¿O no sabéis que vuestro cuerpo es templo del Espíritu Santo?...Por tanto, glorificad a Dios en vuestro cuer-po"* (1ª Corintios 6:18–20).

Este pasaje de ninguna manera implica que los demonios no puedan entrar en el cuerpo de un creyente. Por el con-trario, este pasaje anima a los creyentes para que mantengan sus cuerpos puros y dedicados al Espíritu Santo, para que ellos no se conviertan en habitaciones de los demonios. En la misma carta, el apóstol Pablo dijo,

No, sino que digo que lo que los gentiles sacrifican,
lo sacrifican a los demonios, y no a Dios; y no quie-
ro que seáis partícipes con los demonios. No podéis
beber la copa del Señor y la copa de los demonios;
no podéis participar de la mesa del Señor y de la
mesa de los demonios. ¿O provocaremos a celos al
Señor? ¿Somos, acaso, más fuertes que El?

(1ª Corintios 10:20–22)

Este pasaje no tendría ningún significado, si los cristianos fueran automáticamente inmunes a los demonios. ¿Cuál es la razón de advertirle a los creyentes acerca de ser participantes con los demonios si no son capaces de ser participantes con ellos? Pablo dice que tú no puedes participar en los dos lados. El no estaba diciendo que *no es posible*; él estaba diciendo que *no es correcto* hacer esto. Cuando un cristiano pone en práctica cosas que no son correctas, él está creando una oportunidad para que los demonios se pongan a trabajar en su vida. Esto no implica que el hecho de pecar automáticamente produce la demonización, pero el pecado siempre invita y tiene el potencial para la actividad demoniaca. Existe un determinado número de demonios en el mundo. Por lo tanto ellos no pueden entrar en cada persona que existe sobre la tierra. Al contrario, para ellos es mucho más fácil manifestar sus personalidades a través de aquellas personas están más inclinadas a permitir el pecado en sus vidas. Debido a que los demonios son pecaminosos, ellos prefieren trabajar con aquellas personas que

Debido a que los demonios son pecaminosos, ellos prefieren trabajar con aquellas personas que practican el pecado como su estilo de vida.

también practican el pecado como un estilo de vida. Esto se aplica verdaderamente tanto a los pecadores, como los creyentes.

Mucho peor que un incrédulo

> *Porque si después de haber escapado de las contaminaciones del mundo por el conocimiento de nuestro Señor y Salvador Jesucristo, de nuevo son enredados en ellas y vencidos, su condición postrera viene a ser peor que la primera.* (2ª Pedro 2:20)

Este pasaje es un recordatorio muy serio para todos aquellos cristianos que quieren regresar a vivir en los caminos del mundo. El apóstol Pedro dice este tipo de personas son peores al final que si ellos no hubieran comenzado a creer desde el principio, y sus resultados son peores que sus principios. El apóstol Pedro sigue diciendo,

> *Pues hubiera sido mejor para ellos no haber conocido el camino de la justicia, que habiéndolo conocido, apartarse del santo mandamiento que les fue dado.* (versículo 21)

Que perspectiva tan horrible. Tú sabes que es muy malo cuando la Biblia dice que les hubiera sido mejor si no hubieran sido salvos en primer lugar.

Las razones son muy simples. En primer lugar, los cristianos tienen una mayor responsabilidad de rendirle cuentas a Dios porque ellos conocen la verdad, en contraste con todos aquellos que todavía tienen que llegar a obtener la verdad. En segundo lugar, los creyentes son los blancos primarios o principales de los demonios. Si los demonios pueden influenciar a los creyentes, eso por consecuencia, va a desacreditar el nombre de Cristo. ¿Y qué mejor manera de dañar la reputación y la efectividad de la iglesia, que el hecho de enviar demonios a que se metan en los creyentes?

Los demonios aman cuando los creyentes regresan a sus costumbres pecaminosas, porque esto les da la oportunidad de dañar a muchas más gentes, así como también poder deshonrar el Evangelio. Es muy desalentador escuchar las historias de cristianos que han perdido la razón y han enloquecido—matando a su esposa o esposo, abusando sexualmente de los niños, desviándose hacia la homosexualidad, o cometiendo otro tipo de actividades inmorales e ilegales.

> *Los demonios aman el hecho de que los creyentes regresen a sus costumbres pecaminosas, porque esto les da la oportunidad de dañar muchas gentes, y de deshonrar el Evangelio.*

Christine

Después de haberse convertido al cristianismo a muy temprana edad, Christine estuvo sirviendo en la iglesia con sus talentos musicales, ayudando a las personas que no tenían un hogar, dando ofrendas en forma regular a muchos misioneros, e intercediendo a favor de las almas perdidas. Ella dedicaba no menos de dos horas y media cada día a estudios bíblicos.

Todo parecía que iba muy bien, hasta el momento en que llegó a conocer a un hombre—un ministro extranjero—de quien ella pensó que él también sentía amor por Jesucristo, de la misma forma que ella lo sentía. Aunque su relación era principalmente a larga distancia, el hombre logró convencer a Christine para que se casará con él. Durante su luna de miel, ella se dio cuenta de que su nuevo marido era una persona muy abusiva, que insistía en mostrar un comportamiento muy sádico desde el primer día. Aunque Christine tuvo muchas dificultades para poder vivir de esta manera, ella estaba tratando de complacerlo a él, aún teniendo que hacer cosas que iban en contra de su conciencia. Sin embargo, todo aquello en que ella estaba cediendo, no era suficiente para su marido. Muy pronto, él ya estaba saliendo con otras mujeres, y no le importaba si Christine sabía de esto. Eventualmente, él la dejó, y admitió que la única razón por la cual él se había casado con ella era para convertirse en un ciudadano americano. ¡Christine estaba devastada! Ella se sentía traicionada, no sólo por este hombre, sino también se sentía traicionada por Dios. ¿Cómo es que Dios pudo haber permitido que este hombre tomara ventaja de ella?

En su resentimiento, ella comenzó a asociarse con gente que tenían un tipo de pensamiento completamente en contra de todo lo que se llamará cristiano, incluyendo en esto un grupo político activista que se oponía al esparcimiento del cristianismo. Ella llegó a conocer una bruja dentro de este grupo, la cual se hizo amiga de ella. Ella permitió que la bruja le hiciera un encanto o un conjuro en ella misma, supuestamente para atraer bendición sobre su vida. Esa "bendición" sólo le dio a Christine un profundo deseo de experimentar sexualmente, y ella se llegó a involucrar con varios hombres, y aún llegó a participar en orgías sexuales.

Christine llegó a disgustarse tanto con su nuevo estilo de vida, que ella comenzó a cortarse a sí misma con un cuchillo. Eventualmente, ella llegó a desarrollar pensamientos de suicidio. En su computadora, Christine mecanografió la palabra *suicidio* en varios buscadores de la Internet, y pudo encontrar muchas lugares en la Internet con relación a esto. Entonces, ella escribió "¿El suicidio me podría mandar al infierno?" Esta frase la llevó a una dirección en la Internet que colocó el temor de Dios nuevamente en el corazón de ella, y de la misma forma, le dio un poco de esperanza. El ministro escribió acerca de Dios, y acerca del amor incondicional de Dios, y muy lentamente, Christine comenzó a tener un deseo de volver a tener una relación con Dios nuevamente.

Al principio, los demonios sexuales no la dejaban, y Christine se preguntaba cómo es que ella iba a poder servir a Dios, si no podía contar con los placeres sexuales que había experimentado con los demonios. Con la ayuda a un ministro, sin embargo, Christine fue capaz de ser libre, y ahora ella se encuentra sirviendo al Señor Jesucristo con mucho entusiasmo.

No debes pensar ni por un momento, que los cristianos como Christine son inmunes a la actividad demoniaca. Muy frecuentemente yo he tenido que tratar con creyentes que han experimentado una liberación gloriosa, mientras que el resto del cristianismo están ignorando a los demonios que se encuentran dentro de ellos, porque esto va en contra de su teología de "inmunidad automática".

Abrazando falsas enseñanzas

Pero el Espíritu dice claramente que en los últimos tiempos algunos apostatarán de la fe, prestando

> atención a espíritus engañadores y a doctrinas de
> demonios.   (1ª Timoteo 4:1)

Tan malo como es el hecho de observar que la gente sigue a espíritus engañadores y cosas que son enseñadas por
los demonios, es todavía mucho peor el hecho de observar
a un creyente que en alguna ocasión había abrazado la verdad, y que abandona su fe para ir en pos de doctrinas de
demonios.

No existe manera de que uno abandone la fe a menos
de que, en alguna ocasión uno formara parte de la fe. De
acuerdo al pasaje, la razón por la cual la gente desertó de
la fe es porque ellos se aferraron a *"doctrinas de demonios"*.
¿Acaso no es mucho más posible que este tipo de personas
pueda ser molestado por los demonios, incluso hasta el grado de tener demonios que están dentro de su cuerpo o de su
mente? Después de todo, si al abrazar la doctrina de los demonios, ¿acaso no es muy probable que él ya tiene demonios
dentro de sí mismo?

Existen cristianos hoy en día, que han sido engañados
por las enseñanzas de demonios, las cuales pueden llevarlos
a todo tipo de ataduras demoníacas. Gloria a Dios que todavía existe esperanza para ellos, y que pueden ser liberados
de todo ese engaño. La iglesia de Pablo en Galacia era una
iglesia que se encontraba engañada por medio de falsas enseñanzas. Pablo nunca consideró que ellos habían abandonado la fe, pero que simplemente habían caído y se habían
alejado de la verdad: *"De la gracia habéis caído"* (Gálatas
5:4).

Existe una verdadera diferencia entre abandonar la
fe que uno tenía, y caer alejándose de esta fe. Abandonar

algo es dejarlo voluntariamente. Caer y apartarse implica haber sido engañado. El resultado es similar—en ambas ocasiones la persona está viviendo su vida, siendo engañada por espíritus y cosas que son enseñadas por medio de demonios. Sin embargo, existe esperanza para todos aquellos que han caído.

Con relación a la iglesia de Galacia, el apóstol Pablo escribió lo siguiente, *"Sino que ciertos individuos están sembrando confusión entre ustedes y quieren tergiversar el evangelio de Cristo"* (Gálatas 1:7, nvi). La *confusión* describe a un creyente sincero que ha sido engañado.

Existen cristianos hoy en día, que han sido engañados por las enseñanzas de demonios, las cuales pueden llevarlos a todo tipo de ataduras demoníacas.

> *Porque si alguien viene y predica a otro Jesús, a quien no hemos predicado, o recibís un espíritu diferente, que no habéis recibido, o aceptáis un evangelio distinto, que no habéis aceptado, bien lo toleráis.*　　　(2ª Corintios 11:4)

Cuando la persona escucha *"un evangelio distinto"*, esta persona va a recibir un *"espíritu diferente"* del cual debía haber recibido. El Espíritu que recibimos por medio de aceptar el verdadero evangelio es el Espíritu Santo. Sin embargo, Pablo describe a la iglesia en el sentido que estaba recibiendo un espíritu diferente—y esto claramente está haciendo referencia a espíritus malignos y a cosas que son enseñadas por los demonios.

> *Si alguien abraza una enseñanza falsa, es posible recibir un espíritu maligno con ella.*

Pablo le estaba escribiendo a la iglesia de los Corintios que definitivamente habían recibido al Espíritu Santo. Ya los había recomendado como una iglesia que *"no les falta ningún don espiritual"* (1ª Corintios 1:7, NVI). Pero a pesar de que la iglesia tenía pruebas y evidencias del Espíritu Santo, más tarde Pablo tuvo que advertirles acerca del riesgo de abrazar a un Jesús diferente, que podría resultar como consecuencia de recibir un espíritu diferente del primero que habían aceptado originalmente. Si alguien abraza una enseñanza falsa, por lo tanto, es posible recibir un espíritu inmundo después de haber recibido al Espíritu Santo.

Karen

A la edad de 10 años, Karen pudo experimentar una epifanía con el Señor Jesucristo, después de haber visto la película *Los Diez Mandamientos*. Siendo que ella creía en los milagros, ella hizo una oración para un pequeño gatito que ella había envenenado accidentalmente. A medida que el gato tenía espuma en su hocico, Karen se inclinó al lado de su mascota y oró ahí durante media hora para que Dios levantara a ese gatito de la muerte. Sin resultado alguno, ella finalmente se levantó, secó sus lágrimas, y salió por la puerta. Cuando ya regresó más tarde, el gatito estaba vivo y estaba sentado en sus cuatro patas. Desde ese momento, Karen sabía que Dios era real.

Como estudiante en la escuela secundaria, Karen se hizo amiga de una muchacha vecina que era mormona. En una ocasión, ella asistió a la iglesia de su amiga, donde se impresionó muchísimo a través del énfasis que los mormones ponían en el matrimonio y en la familia. Debido a que su propia familia estaba resquebrajando, Karen encontró que este énfasis sobre la familia y el matrimonio era sumamente atractivo. Eventualmente, ella llegó a formar parte de esa iglesia mormona, donde ella conoció a un hombre muy amigable que se llamaba Bob, quien parecía ser el ejemplo mismo de la integridad.

Más tarde ellos llegaron a casarse y fueron a pasar su luna de miel en la Casa Beehive, que es una casa donde vivió Brigham Young, mientras que fue presidente de la iglesia mormona. Una mujer les dio un tour de la casa y les dijo que en el reino celestial, los hombres iban a tener más de una sola mujer. Esta relación no le cayó muy bien a Karen. Ella regresó a casa y lloró muchísimo porque ella no podía aceptar el pensamiento que en la vida venidera, su esposo Bob iba a estar casado con muchas mujeres. Karen hizo lo mejor que pudo para tratar de suprimir este tipo de pensamientos mientras que ella y Bob establecían su vida matrimonial, tuvieron cuatro hijos, y continuaron sirviendo en esa iglesia fielmente por los siguientes veinte años.

Un día, Bob llegó a casa y le dijo a Karen tenía serias dudas acerca de la iglesia mormona. ¡Ella no podía creer lo que sus oídos estaban escuchando! Ella le rogó que fuera a hablar con los ancianos de la iglesia, y aún con el obispo. El estuvo de acuerdo en hacer esto, y él se reunió con el obispo, a quien él explicó todo lo que él había descubierto acerca del origen de la iglesia, y la forma como todo esto era una mentira.

A pesar de que la pareja hoy en día ya dejó la iglesia mormona, y han llegado a formar parte de la iglesia cristiana, Karen todavía siente que las doctrinas mormonas no la han dejado ser libre por completo. Aunque ella no puede explicar esto, esta influencia le ha ocasionado que incluso contemple la idea del suicidio. Ella describe su relación con el Señor Jesucristo como un vaso medio lleno. Ella tiene mucho optimismo con relación al futuro, pero en mi opinión, ella necesita una liberación completa.

Desafortunadamente, existen muchas gentes como Karen, que han salido de las tinieblas, pero todavía necesitan experimentar la liberación completa y total que tanto necesitan. Ellos han adoptado malos espíritus derivados de falsas enseñanzas. El hecho de ignorar estos espíritus engañadores es estar cometiendo una gran injusticia para todos aquellos que están tratando de escapar de este tipo de doctrinas heréticas.

Algunos de los tipos más comunes de enseñanzas falsas hoy en día, vienen de las religiones orientales, y muy frecuentemente son abrigadas bajo los conceptos del movimiento de Nueva Era. El hinduismo en forma muy especial tiene una tendencia a atraer demonios, lo mismo que la brujería, los psíquicos, y muchas otras formas de ocultismo, tales como la cienciología. Los grupos pseudo cristianos tal vez hablen acerca de Jesús, pero ellos, de hecho se están refiriendo a otro Jesús. El verdadero Jesús es el Hijo de Dios, que es la Segunda Persona de la Trinidad. El no es "el espíritu humano" de Satanás, o Miguel Arcángel, tal y como los mormones y los testigos de Jehová declaran.

La iglesia contemporánea parece estar alarmantemente susceptible a las falsas enseñanzas, y esto se debe en parte a que hay muy poca enseñanza bíblica sana acerca de los fundamentos del cristianismo. Al contrario, muchas iglesias sienten la necesidad de enfatizar mensajes que no sean controversiales, que sean muy fáciles de digerir, y que hagan sentir muy bien a la gente, a fin de atraer y mantener largas multitudes de creyentes.

El apóstol Pablo nos advirtió acerca de estos días en que nos encontramos viviendo, diciendo lo siguiente,

La iglesia contemporánea parece estar alarmantemente susceptible a las falsas enseñanza, y esto se debe en parte a que hay muy poca enseñanza bíblica sana.

> *Porque vendrá tiempo cuando no soportarán la sana doctrina, sino que teniendo comezón de oídos, acumularán para sí maestros conforme a sus propios deseos; y apartarán sus oídos de la verdad, y se volverán a mitos.* (2ª Timoteo 4:3–4)

En la actualidad, tenemos una abundancia de maestros religiosos y espirituales, quienes como agentes de ventas muy profesionales, sólo se dedican a decirle a sus audiencias, lo que estas audiencias quieren oír. Existe muy poco interés en las enseñanzas teológicas profundas, y por lo tanto, ellos le dan a la gente, lo que la gente *quiere*, y no lo que la gente *necesita*. Éste medio ambiente abre la puerta a falsos maestros, que están ansiosos de llenar este vacío con enseñanzas falsas acerca de Dios y de la salvación. La falsa enseñanza abre las puertas para el medio ambiente de lo demoníaco.

Capítulo siete

Dos puntos de vista muy extremos acerca de la liberación

Una de las cosas más difíciles para la gente es, mantener un equilibrio, especialmente, cuando se trata de asuntos que tienen que ver con la liberación espiritual—para poder caminar el camino angosto sin caer en la zanja, ni de un lado ni del otro.

Híper liberación y no liberación

Para alguien que descubre el ministerio de liberación, muy pronto esto se convierte en un cura todo de todos los males, y de todas las cosas. Algunos de ellos hacen de la liberación "la única verdad" que ellos pueden encontrar en la Biblia. Yo le llamo a este tipo de puntos de vista la *híper liberación*. La liberación es completamente bíblica; es buena, es algo necesario. Sin embargo, es muy probable, irse a los extremos cuando se trata de aplicarla en casos en que no es necesaria, lo cual puede ocasionar más daño que beneficio.

Por el otro lado, hay algunas personas que caen en el hoyo donde la liberación es ignorada completamente. Este tipo de gentes hablan acerca del diablo, pero nunca lo confrontan a él en forma directa. Ellos no echan fuera demonios, aunque la Biblia nos ordena a todos que hagamos esto. Ellos desarrollan una posición filosófica y teológica para justificar sus razonamientos. Sin embargo, su defensa, muy frecuentemente carece de una verdadera teología, y en la mayoría de los casos es meramente filosófica. Ellos se han apartado de la Biblia y están dependiendo solamente en su lógica y en sus tradiciones. Yo le llamo a este punto de vista la *no liberación*.

El grupo de gente que se encuentra dentro de la híper liberación parece ver que todos los problemas son derivados de Satanás, y muy pocos, si acaso algunos, pueden ver que los problemas también se derivan de causas naturales. El grupo de personas que contempla la no liberación opina que casi todos los problemas son de origen natural o que provienen de la mano soberana de Dios. Ellos hablan mucho acerca de la soberanía de Dios, pero mencionan muy poco acerca de la guerra espiritual, o acerca de la posibilidad de que el diablo pueda estar detrás de ciertos problemas que ocurren en sus vidas.

El grupo de gente que cree en la híper liberación ven que casi todas las enfermedades tienen orígenes demoniacos, dando muy poco pensamiento a la forma en que están comiendo o a la dieta a que se están sujetando, a la cantidad de ejercicio que hacen, o a los diferentes estilos de vida que llevan. Ellos consideran la medicina como algo repudiable por el poder del Evangelio. Por el otro lado, el grupo de gente que cree en la no liberación de la enfermedad lo ven como algo natural o incluso como algo que ha sido dado por Dios debido a Sus soberanos propósitos. Muy raramente los asuntos que tienen que ver con la salud son considerados como demoniacos, a pesar de que la Biblia provee ejemplos de demonios causando enfermedades. La única respuesta a la enfermedad es la medicina o la habilidad de los doctores, y de cualquier otro tipo de profesional dedicado a la salud.

Las marmotas

Existen dos animales que ilustran estos dos extremos del pensamiento y que son la marmota y el avestruz. La marmota es una criatura asustadiza que parece tener miedo hasta de su propia sombra. Igual que la marmota, las personas que creen en la híper liberación parecen tener miedo aún de su propia humanidad. Ellos le echan la culpa de todas las fallas humanas a los demonios. Si ellos tienen un pensamiento lujurioso, entonces, esto es obra de los demonios. Si ellos gastan de más dinero y arruinan todo su presupuesto, entonces se trata de un espíritu de pobreza que ha bajado sobre de ellos, haciendo que sea muy difícil que paguen sus deudas. Si ellos tienen una discusión con sus esposas o esposos, ellos llaman al ministro, y le piden que eche fuera a los demonios de sus hogares. Ellos experimentan problemas repetitivos, y por lo tanto ellos le echan la culpa de sus problemas a alguna maldición que alguien pudo haber puesto en ellos.

El otro día una mujer me llamó por teléfono y sonaba verdaderamente desesperada. "Mi esposo se encuentra bajo una maldición que su ex esposa le puso encima". Yo comencé a preguntarle para ver cómo es que ella sabía que él tenía demonios. "Es muy simple. Mi marido se ha enamorado de su ex esposa y quiere dejarme".

"Alguna vez eso sucede", yo le dije, "pero esto no necesariamente se debe a alguna maldición que alguien le haya echado".

Ella no fue capaz de explicarme por qué es que ella pensaba que esto se debía a una maldición. Ella solamente asumió que cualquier cosa a la que sucedía en su vida tenía que ser por obra de demonios o que venía por medio de una maldición. Mientras más le pregunté acerca de su situación, más me pude dar cuenta que esta mujer, aunque era muy sincera, había cometido el error tan común que echarle la culpa a los demonios por todos sus problemas terrenales.

Ella incluso llegó a admitir que la infidelidad no era algo nuevo para su marido. "¡Mi marido y yo nos conocimos mientras que se encontraba casado a esa Jezabel! Yo fui quien lo salve de esa mujerzuela".

"Espera un minuto", yo le dije. "¿Acaso me estás diciendo que ustedes dos comenzaron a tener una relación amorosa mientras que el todavía estaba casado?"

Ella hizo una pausa por un momento, y entonces dijo, "Bueno, si. Pero esta mujer no es buena para él".

Yo la corregí entonces, "Tú no tienes ningún derecho de destruir un matrimonio. Yo no creo que tu marido tenga demonios que le fueron echados encima por medio de su ex esposa. Lo que tú necesitas saber es qué tan equivocada tú has estado. Tú necesitas tomar responsabilidad por sus propias acciones".

Tanto como esta mujer quería echarle la culpa de sus problemas a los demonios, lo que ella realmente necesitaba era tomar responsabilidad de sus propias acciones, y permitir que su marido tomara la responsabilidad por las acciones suyas.

Yo sería un hombre millonario si yo tuviera un dólar por cada llamada telefónica que recibo cuando alguien me asegura que todos sus problemas en la vida fueron el resultado de algún tipo de maldiciones. Algunas veces, la maldición dicen que viene de algún pariente muy malvado o de algún compañero de trabajo. En otras ocasiones ésta sea derivado de alguna ex esposa o ex esposo. Muy raramente se dan cuenta de la responsabilidad personal que tienen. Siempre—algo o alguien—¡son los que tienen que tener la culpa!

Incluso en las ocasiones cuando algunas de estas gentes están correctos acerca de la maldición, ellos muy frecuentemente le asignan más poder a los demonios y a las maldiciones en su vida que al poder del Espíritu Santo. Yo quiero hacer una pregunta: ¿quién es más grande, el diablo que se encuentra en otras personas o Dios que está dentro de ti? Debemos creer que es El Más Grande el que se encuentra dentro de nosotros. Debemos tomar autoridad sobre cualquier tipo de maldiciones que estemos pensando que la gente haya puesto sobre nosotros, y debemos dejar de estar viviendo basando nuestras vidas en estas maldiciones. Yo nunca he podido ver que una persona mejore y crezca en el Señor Jesucristo, mientras que al mismo tiempo, le está echando la culpa de sus problemas a las maldiciones.

Hace varios años, nuestra familia iba a moverse a lo que era nuestro primer hogar, pero el trato no pudo llevarse a cabo. Colocamos una demanda para reclamar el dinero que habíamos gastado para pintar la casa. El dueño discutió que debido a que supuestamente el trato se había deshecho, ella había perdido dinero que podía haber sido recuperado por medio de haber estado rentando esa casa. Para probar que la casa se podía haber rentado muy rápidamente, yo fui a visitar a los nuevos ocupantes de esa casa, y les pregunté cuándo fue que ellos se habían movido y mudado dentro de la casa. Su respuesta mostró claramente que la casa se había rentado de inmediato.

Ellos preguntaron, "¿Por qué es que tu quieres saber esto?"

Yo les expliqué que nosotros éramos los que estábamos supuestos a rentar esa casa, pero que el trato no pudo llevarse a cabo. Cuando yo les dije esto, los ojos de estas personas que estaban rentando la casa se abrieron bien grandes.

"¿Acaso eres tú el pastor Tom Brown?"

"Sí".

"¡Espera un momento!" La mujer se metió a la casa y sacó una tarjeta postal diciendo, "esta tarjeta postal había sido enviada para ti. Mira, lo que dice, "bienvenidos a nuestra vecindario, de parte de los Satanistas de El Paso, Texas".

Yo me reí.

"Esto no es nada gracioso", exclamó la mujer. "Ellos piensan que tú vives aquí".

Yo le asegure a ella que no había nada que temer. Si una persona que cree en la híper liberación hubiera recibido esa tarjeta postal, él probablemente habría quedado paralizado con temor. Muy probablemente él estaría constantemente mirando por encima de su hombro y previendo que todo tipo de problemas se le iban a presentar en su vida. Si cualquier cosa hubiera llegado a suceder, tú puedes estar seguro que él le hubiera echado la culpa de sus problemas directamente en la puerta del grupo de los Satanistas.

Sin embargo, yo me olvidé de todo esto, debido a que yo sé que es mucho más grande El que está en mi que el que está en el mundo. (Favor de ver 1ª Juan 4:4). Yo tenía fe de que Dios podría protegerme de cualquier peligro.

¿Cómo puedo saber que estoy libre?

"Pastor, yo he estado en varias sesiones de liberación, y mi ministro me ha dicho que la mayoría de los demonios que tengo ya se han ido, pero que hay todavía algunos que se quedaron. ¿Cómo puedo saber que todos ya se han ido?"

Ésa pregunta muestra una debilidad inherente en el candidato que la realiza. Él ya ha adoptado la idea de que los demonios son más fuertes que Dios. Si él verdaderamente cree en el Evangelio, el ministro que oró por El debió haber echado fuera *todos* los demonios, y no sólo unos cuantos. Éste tipo de dudas le dan lugar al diablo para que continúe su trabajo.

El diablo ama cuando la gente duda del poder del Espíritu Santo.

¿Por qué algunos demonios se quedarían todavía dentro de un creyente? Es mucho más fácil poder creer que los demonios pueden permanecer dentro de un pecador que no se ha sometido completamente a los requisitos de Cristo Jesús, ¿pero cómo es que los demonios pueden seguir permaneciendo dentro de un creyente, cuando el mandato para que se vayan ya ha sido declarado? El diablo ama cuando la gente duda el poder del Espíritu Santo. Cuando esto sucede, él es capaz de hacerse aparecer tan fuerte como Dios ante los ojos de los santos. Este es un punto de vista terrible y muy enfermizo que no debemos tomar nunca jamás.

Mientras que tú permanezcas confundido acerca de toda la autoridad que tienes en Cristo Jesús, tú siempre vas a estar luchando con tu fe. Ninguna cantidad de liberación te va a ayudar. Frecuentemente, yo rehúso orar por gentes que son seguidores "crónicos" de liberación. En mi experiencia, su problema se debe no a la fortaleza de los demonios, sino a la debilidad de la fe que tienen. Su fe es débil porque ellos no la han alimentado con la Palabra de Dios. La Palabra de Dios te va a dar todo lo que tú necesitas para vencer todo el poder de Satanás.

Los avestruces

Sed de espíritu sobrio, estad alertas. Vuestro adversario, el diablo, anda al acecho como león rugiente, buscando a quien devorar.   (1ª Pedro 5:8)

Aquellos que se encuentran en el grupo de la no liberación muy frecuentemente me recuerdan de la avestruz, que es un pájaro que se dice que entierra su cabeza en la arena, debido a que tienen miedo de confrontar cualquier enemigo. El hecho de evitar la confrontación de esta manera, solamente le dan al "un león hambriento" una comida mucho muy fácil. El grupo de gente que cree en la no liberación no se da cuenta de la forma como el diablo es responsable por muchos de los problemas que existen en el mundo. Considera la historia del primer pecado. Trata de leerla en forma fresca, como si ésta fuera la primera vez que tú la estás leyendo. Haz a un lado todas las nociones preconcebidas que tengas acerca de Dios confrontando el pecado de la primera pareja que existe en el mundo.

> *Y oyeron al* S<small>EÑOR</small> *Dios que se paseaba en el huerto al fresco del día; y el hombre y su mujer se escondieron de la presencia del* S<small>EÑOR</small> *Dios entre los árboles del huerto. Y el* S<small>EÑOR</small> *Dios llamó al hombre, y le dijo: "¿Dónde estás?" Y él respondió: "Te oí en el huerto, y tuve miedo porque estaba desnudo, y me escondí". Y Dios le dijo: "¿Quién te ha hecho saber que estabas desnudo? ¿Has comido del árbol del cual te mandé que no comieras?" Y el hombre respondió: "La mujer que tú me diste por compañera me dio del árbol, y yo comí". Entonces el* S<small>EÑOR</small> *Dios dijo a la mujer: "¿Qué es esto que has hecho?" Y la mujer respondió: "La serpiente me engañó, y yo comí".* (Génesis 3:8–13)

Muy frecuentemente, he podido escuchar ministros que usan esta historia para mostrar que no podemos acusar a nadie sino a nosotros mismos por nuestros propios pecados. Sin embargo, realizando una cuidadosa lectura de esta historia nos prueba lo contrario. Adán admitió haber comido del fruto, pero él apuntó un hecho tan obvio con relación a que Eva fue la que le dio el fruto a él. En otras palabras, ella también era completamente responsable por la tentación. Dios no reprendió a Adán por echarle la culpa a su mujer; al contrario, Dios volvió su atención hacia la mujer y le dijo,

"¿Qué es esto que has hecho?" Dios pareció estar de acuerdo con Adán con relación a la culpabilidad de Eva. La mayoría de los teólogos parecen estar en desacuerdo con la forma en que Adán tocó este punto, sin embargo Adán estaba correcto en atribuirle parte de la culpa a la mujer.

En seguida, Eva confirmó el hecho de que ella si había comido, pero a su vez, ella le echó la culpa a la serpiente por engañarla. ¿Acaso Dios reprendió Eva por "echarle la culpa" a la serpiente? No, Dios volvió su atención hacia la serpiente y la maldijo. Debes notar que Dios no le preguntó a la serpiente ningunas de las mismas preguntas. Dios nunca le dio oportunidad a la serpiente para que hiciera o fabricara una excusa. La razón es muy simple: el diablo no tenía nadie a quién echarle la culpa sino solo a sí mismo. Para Adán y para Eva, existieron algunas circunstancias atenuantes, que en parte explicaban el porqué ellos comieron el fruto prohibido. Terceras personas los habían engañado a ellos para que desobedecieran a Dios.

Yo estoy tocando este punto, porque muchas de las gentes en el grupo de no liberación rehúsan ver el papel que el diablo juega en la tentación. Ellos preferían ver a la tentación como algo que simplemente es muy "natural" que suceda, en lugar de verlo como un plan del adversario que está tratando de tentarnos sobrenaturalmente. Es verdad que la

> *Es verdad que la mayoría de nuestros problemas se derivan de nuestra naturaleza carnal, pero el diablo siempre está trabajando fervorosamente en nuestra carne para tratar de apartarnos lejos de Dios.*

mayoría de nuestros problemas se derivan de nuestra naturaleza carnal, pero el diablo siempre se encuentra trabajando fervientemente en nuestra carne, a fin de alejarnos de Dios. No se trata solamente de un asunto de ser débiles, sino que es un asunto de que nuestro adversario está tratando de tomar ventaja de todas y cada una de nuestras debilidades.

Pablo

Pablo era un hombre joven muy guapo que enseñaba a cada semana los estudios bíblicos en su iglesia. A pesar de verse como que él tenía todo el éxito del mundo, existía un sentimiento muy profundo de vacío y de tristeza en su vida. El había sufrido depresión desde que era un niño, y por lo tanto, Pablo muy frecuentemente se retiraba y evitaba al resto de las gentes. Cuando era un adolescente, Pablo muy frecuentemente faltaba a la escuela, y evitaba pasar el rato con otros amigos. Siendo ya un adulto, él se retiró de su esposa y de sus hijos, en algunas ocasiones desapareciendo del contacto con su familia por días enteros. Su esposa lo amaba, pero ella no podía explicarse este comportamiento tan extraño que Pablo presentaba.

Un día, Pablo fue invitado a venir a nuestra iglesia donde yo estaba hablando acerca del espíritu de depresión. El pastor de Pablo nunca había tratado con la necesidad que Pablo tenía de ser liberado, pero mientras más él me escuchó hablar acerca de este tema, mas él se dio cuenta que esto era lo que Pablo necesitaba. Cuando yo puse manos sobre Pablo y le hablé al espíritu de depresión, Pablo comenzó a gritar. El espíritu que se encontraba dentro de él gritó, "No, no, detente. ¡Deja de gritarme! ¡Él es mío! ¡No voy a salir de él!"

"¿Cuál es tu nombre?" Yo le ordené que me dijera.

La voz de Pablo habló y dijo, "Yo soy el espíritu de depresión".

"¡Yo le ordenó al espíritu de depresión que salga de este hombre!"

Pablo se desplomó al piso. Después de unos minutos, él se levantó, primero un poco mareado, entonces él me miro a mí y sonrió. "Me siento tan bien", él dijo. "¡Es como si un preso de cien kilos se ha removido de mis hombros!"

Más tarde él me dijo que su mente se puso completamente en blanco, cuando yo comencé a orar por él. Yo le dije todo lo que había sucedido, así como todo lo que el demonio había dicho usando su voz, Pablo se encontraba completamente asombrado.

"Nunca me ha sucedido algo como esto".

Existen muchas personas que como Pablo están en las iglesias hoy en día. Ellos parecen estar muy confiados en lo exterior, pero dentro de ellos mismos existen batallas espirituales que se están librando continuamente y que nunca han podido ser ganadas—son batallas que nunca van a poder ser ganadas, hasta que llegue el momento en que la iglesia reconozca el papel tan importante de la liberación.

Recientemente yo fui a visitar a un miembro de mi congregación al hospital. Ella era una mujer que había llegado recientemente a la iglesia, y su madre había solicitado que yo fuera a visitarla. Ella había estado entrando y saliendo de instituciones mentales durante el año anterior. Cuando yo llegué, ella se encontraba en un estado psicótico. Yo puse mis manos sobre de ella en forma muy gentil para orar por ella. Ella reaccionó ferozmente, rumiando y aventando mi mano fuera de su cabeza. Yo no dejé de orar, y después de unos minutos, ella mejoró y salió de su estado psicótico. Finalmente llegó el doctor. La madre de la muchacha le dijo al doctor que todo estaba bien y que ella estaba autorizando para que el doctor diera su diagnóstico enfrente de mí. El médico se sentó, examinó el expediente, levantó su cabeza y dijo, "hemos hecho todo tipo de pruebas, y todo esto muestra que no existe nada malo físicamente con su hija. No hay nada que podamos hacer por ella". Entonces, el doctor me miro a mí y dijo, "lo que su hija necesita es a este hombre". Aún este doctor estaba reconociendo que existen cosas inexplicables para las cuales los doctores y la medicina no tienen los remedios necesarios. La hija mejoró grandemente después de mi visita. Ella no se ha curado por completo, pero está haciendo un gran progreso hacia la normalidad.

El siguiente cuadro describe las diferencias entre los grupos de híper liberación y de no liberación.

Híper liberación	No liberación
1. Considera a Dios y al diablo como iguales.	1. Considera al diablo como irrelevante para Dios y para el creyente.

Híper liberación	No liberación
2. Cree que todos los problemas se derivan directamente del diablo.	2. Cree que todos los problemas se derivan directamente de la soberana mano de Dios.
3. Le echa la culpa a las maldiciones como la fuente constante de sus problemas.	3. Contempla la idea de las maldiciones como algo completamente supersticioso.
4. Piensa que casi todas las personas, en cierto grado, tienen demonios.	4. Piensa que nadie tiene demonios.
5. Duda que alguna persona pueda ser completamente libre de los demonios.	5. Duda que alguna persona en realidad pueda ser poseído por demonios.
6. Contempla la liberación como la mejor manera de buscar la santificación.	6. Contempla la liberación como una mala manera de buscar la santificación.
7. Busca liberación pero parece nunca poder obtenerla.	7. Nunca busca liberación, sino al contrario, sólo finge una apariencia de paz.
8. Contempla los encuentros poderosos como la técnica principal de la liberacíon.	8. Contempla a los encuentros con la verdad como la única técnica legitima de liberacíon.

Dos métodos para echar fuera demonios

Existen dos métodos importantes y que son bíblicos para echar fuera demonios: los encuentros de poder y los encuentros de verdad. Un encuentro de poder es el ejercicio del poder del Espíritu Santo impartido por el ministro, dando una orden para que los demonios salgan. Con este método, muy frecuentemente van a realizarse manifestaciones físicas, incluyendo gritos, gruñidos, y en muchas ocasiones resultando con que la persona se cae al suelo.

Un encuentro de verdad usa la verdad de las Escrituras, para ayudar a un candidato a que conozca su posición y los derechos que tiene como hijo o hija de Dios. Éste método es más dominador, y ayuda al candidato para que vuelva a enfocarse en su posición y en los derechos que tiene en Cristo Jesús. Necesitamos mantener un equilibrio en esta área de liberación, por medio de practicar ambos métodos.

Desafortunadamente, el encuentro de poder es el único método que los ministros de híper liberación utilizan, mientras que el encuentro de verdad es el único método que los ministros de no liberación utilizan. El verdadero ministro de la verdadera liberación puede entender que ambos métodos son necesarios. Cuando se trata de ministrar a una persona que busca liberación crónicamente, yo rehúso utilizar los encuentros de poder; al contrario, yo

La persona que es un buscador crónico de liberación necesita a poder aceptar todos los beneficios de la redención, o de otra manera no va a tener un remedio permanente.

solamente utilizo los encuentros de verdad. Encuentro muy inútil estar orando las mismas oraciones de liberación una y otra vez. La persona que busca liberación crónicamente necesita llegar a aceptar todos los beneficios de su redención, o de otra manera no va a haber un remedio permanente para todos sus problemas. Aparte de todo esto, este tipo de persona necesita darse cuenta que existen tres tipos de batallas que tiene que vencer: la carne, el mundo, y el diablo. Desafortunadamente, este tipo de personas tienen la tendencia a ignorar los primeros dos tipos de batallas, y se enfocan solamente en la batalla que libran con el diablo.

Tú no puedes ganar la batalla sobre la carne por medio de concentrarte solamente en el diablo. Y para estas personas que son buscadores crónicos de liberación, es muy frecuente el hecho de que la carne es su verdadero enemigo y no solamente el diablo.

Capítulo ocho

Como poder vencer a la carne

Nick tenía un problema muy grande con su respiración debido a su adicción a los cigarrillos. El tenía un profundo deseo de liberarse completamente de este hábito. El había podido escuchar acerca de mi ministerio de liberación, y se acercó esperando recibir una completa liberación del espíritu de nicotina. Sin embargo, el Señor Jesús me dirigió para que yo hablara con Nick acerca de la función que la carne juega para mantener a la gente en ataduras. Yo le expliqué que algunos de nuestros problemas pueden ser vencidos por medio de sujetar a la carne, y no por medio de echar fuera demonios.

Hubo una luz que se prendió en el espíritu de Nick. Él se pudo dar cuenta que no estaba sufriendo por consecuencia de tener un demonio dentro de él, sino que simplemente se trataba de un mal hábito que podía ser resuelto por medio de derrotar a su propia carne. Nick pasó al frente para pedir oración—pero no para ser liberado demonios, sino para pedir fortaleza, a fin de poder vencer su adicción que tenía a los cigarrillos. Hoy en día, Nick es completamente libre de la adicción al tabaco.

Algunos creyentes no pueden acabar de digerir la realidad de que encaramos tres adversarios básicos: la carne, el mundo, y el diablo.

> *Porque todo lo que hay en el mundo, la pasión de la carne, la pasión de los ojos y la arrogancia de la vida, no proviene del Padre, sino del mundo.*
>
> (1ª Juan 2:16)

Tú puedes deshacerte de los demonios de tu cuerpo, pero tú no puedes eliminar los apetitos de tu cuerpo.

La carne tiene deseos y lujurias. La carne se relaciona a los apetitos de nuestros cuerpos. Adán y Eva tuvieron apetito por el fruto prohibido, pero el apetito que tuvieron no fue causado por demonios. Tú puedes deshacerte de los demonios de tu cuerpo, pero tú no puedes eliminar los apetitos de tu cuerpo. Por lo tanto, aún si alguien es liberado de un demonio, esa persona todavía tiene la responsabilidad de ganar la batalla que tiene contra de su propia carne.

Apagando o haciendo a un lado al viejo hombre

Una mujer en una ocasión se me acercó gritando, "Pastor, por favor ore para que Dios quite de mi todos los deseos pecaminosos que tengo".

Yo comencé a orar por ella, "Amado Señor Jesús, ¿podrías Tú por favor llevar a esta hija a casa al cielo, para que ya no vuelva a tener ningún mal deseo nunca jamás?"

Sorprendida de la oración que realicé ella se retractó. "Pastor Brown, ¿por qué está usted pidiendo que yo muera?"

"Hermana, la única manera usted nunca va a volver a tener deseos pecaminosos es si usted se muere. En este mundo, usted siempre va a tener deseos pecaminosos, usted necesita aprender a no actuar basada en esos deseos".

Ella sonrió a medida que entendió el punto que yo trataba de explicarle.

El apóstol Pablo explica lo que los creyentes deben hacer con relación a sus deseos pecaminosos:

> *Que en cuanto a vuestra anterior manera de vivir, os despojéis del viejo hombre, que se corrompe según los deseos engañosos, y que seáis renovados en el espíritu de vuestra mente, y os vistáis del nuevo hombre, el cual, en la semejanza de Dios, ha sido creado en la justicia y santidad de la verdad.*
>
> (Efesios 4:22–24)

Pablo nunca menciono que existiera la necesidad de liberación. El simplemente le dijo a los creyentes, *"os despojéis del viejo hombre"*. El viejo hombre es la carne. Sin embargo, la gente que cree en la híper liberación, considera al viejo hombre como si fueran demonios. Ellos razonan que cualquier cosa que es pecaminosa debe ser atribuida a los demonios.

Es mucho más fácil echar fuera un demonio, de lo que es negar la carne.

Pablo tenía una solución más práctica y mucho más objetiva para todos aquellos creyentes que luchaban con las tentaciones mundanas—ellos tenían que deshacerse de todos esos viejos deseos Dios dice que debemos poner nuestra carne bajo la sujeción de Su Espíritu Santo. No debes rendirte a los apetitos de la carne. Si tú tienes la tendencia a comer excesivamente, Dios tiene una respuesta: *"Y pon cuchillo a tu garganta, si eres hombre de mucho apetito"* (Proverbios 23:2).

Ya sea que lo creas o que no lo creas, es mucho más fácil echar fuera a un demonio que lo que es negar la carne, y además de esto, si alguien cree que necesita liberación, entonces esa persona cree que no tiene la culpa de su pecado. El fondo del asunto es esto: una persona que piensa que está poseída de demonios muy frecuentemente es alguien que no está ejercitando el control de sí mismo.

Rompiendo las adicciones

Vivimos en una sociedad que parece estar derrotada por todo tipo de adicciones. Cada persona parece ser adicta a algo. Muchos profesionales se han salido de sus quicios por medio de prometer soluciones a todo tipo de condiciones humanas—comer excesivamente, el abuso del alcohol, el hábito del tabaco, el hábito de las apuestas, la adicción a las drogas, la pornografía, así como ser víctima de muchos otros problemas que controlan la vida de las personas. A pesar de las incontables soluciones que han sido ofrecidas, de todas formas, grandes números de gente no están teniendo ninguna mejoría.

¿Porque es que tanta gente sigue siendo esclavizada a todo este tipo de adicciones? Tal vez se debe a que muchos de estos remedios que han sido prometidos ignoran o menosprecian la verdadera y real solución: *tú*. Si, ¡la solución a tu comportamiento compulsivo puedes ser tú mismo!

El Espíritu Santo te ha dado control personal, pero es muy difícil poder ejercitarlo si no creces en el conocimiento de Dios.

No importa qué es lo que te está controlando, ¡tú puedes despedazar esos hábitos incontrolables que te mantienen en sus garras! ¿Cómo? ¡Por medio del control de ti mismo!

Casi todo el mundo está de acuerdo en que necesitamos tener control de nosotros mismos, pero muy pocos pueden llegar a entender cómo es que podemos practicarlo. Muchos creen que el control de sí mismo no es algo inherente a su propia naturaleza. Mientras que esto tal vez pueda ser cierto, definitivamente sí es posible para aquellos que han nacido de nuevo. La Biblia dice que el control de sí mismo es un don del Espíritu Santo para el creyente:

> *Mas el fruto del Espíritu es amor, gozo, paz, paciencia, benignidad, bondad, fidelidad, mansedumbre, dominio propio; contra tales cosas no hay ley.* (Gálatas 5:22–23)

Como creyente, tú necesitas crecer en el control de ti mismo. Todos los niños nacen con piernas, pero no pueden caminar sino hasta que crecen. Lo mismo se aplica al control de uno mismo. El Espíritu Santo te dio el control de ti mismo, pero es muy difícil poder ejercitarlo si no creces en el conocimiento de Dios. Permíteme explicarlo.

El conocimiento produce control de uno mismo

Uno de los principales pasajes que trata con el control de uno mismo lo podemos encontrar en 2ª Pedro:

> *Pues su divino poder nos ha concedido **todo** cuanto concierne **a la vida** y a la piedad, mediante el verdadero conocimiento de aquel que nos llamó por su gloria y excelencia, por medio de las cuales nos ha concedido sus preciosas y maravillosas promesas, a fin de que por ellas lleguéis a ser partícipes de la naturaleza divina, habiendo escapado de la corrupción que hay en el mundo por causa de la concupiscencia.*
>
> (2ª Pedro 1:3–4, se añadió énfasis)

¿Acaso no es esto lo que tú deseas, que es, escapar *"de la corrupción que hay en el mundo* (que es el abuso del alcohol, el abuso de las apuestas, la adicción a las drogas, la glotonería, etc.) *Que hay en el mundo por causa de la concupiscencia?"* ¿Cómo puedes escapar tú de todas estas cosas? Los siguientes versículos revelan la respuesta:

> *Por esta razón también, obrando con toda diligencia, añadid a vuestra fe, virtud, y a la virtud, conocimiento; al conocimiento, dominio propio, al dominio propio, perseverancia, y a la perseverancia, piedad, a la piedad, fraternidad y a la fraternidad, amor.* (versículos 5–7)

Para poder tener control de uno mismo, en primer lugar tú tienes que aceptar a Cristo Jesús como tu Salvador personal, lo cual te va a hacer participante de la naturaleza divina de Dios. El control de uno mismo es uno de los atributos de Dios. Él se los da a aquellos que han nacido de nuevo.

Pero el control de uno mismo no llega a su madurez total en el momento de la conversión. Primero, debe existir la fe, pero tú tienes que añadir a ella todas las virtudes de la naturaleza divina de Dios: voluntad, conocimiento, control de ti mismo, perseverancia, piedad, fraternidad, y amor. Debes notar que Pedro no nos dio una lista caprichosa de virtudes; al contrario, él nos dio una lista progresiva de cualidades cristianas que van a producir un crecimiento continuo. Mira muy cuidadosamente esa lista, y con atención en la forma de que cada virtud hace nacer a la siguiente—y cada una en su orden respectivo.

Esto es muy similar al crecimiento de un niño. Un niño no habla, no oye, no escribe, no camina, y no corre, todo esto al mismo tiempo y el mismo día. Al contrario el niño va aprendiendo poco a poco una habilidad fácilmente y la usa hasta que llega a dominarla. Más tarde, él está listo para ejercitar otra habilidad diferente y así sucesivamente. Antes de que un niño pueda leer, primero debe aprender a hablar. El hecho de hablar siempre va a preceder a la lectura. De la misma manera, el control de uno mismo no puede ser practicado, a menos que exista otra virtud que ha madurado dentro de ti primeramente.

El conocimiento precede al control de uno mismo; de hecho, es lo que te lleva al control de ti mismo.

¿Cuál es la virtud que tú tienes que tener primeramente? En medio de esta lista Pedro dijo, *"y al conocimiento,* [añadir] *control de uno mismo"* (versículo 6). El conocimiento precede al control de uno mismo; de hecho es quien lo dirige al control de uno mismo. Esto no se trata de cualquier tipo de conocimiento, sino el conocimiento de Dios específicamente.

El hecho de conocer la verdad te hace libre

Si el conocimiento es esencial a fin de poder obtener el control de uno mismo, entonces podemos asumir que lo opuesto al conocimiento—la falta de ello, o la ignorancia— destruye el control de uno mismo. La falta de conocimiento también podría ser denominada como una creencia firme en la falsa información.

Jesús dijo, *"Conoceréis la verdad, y la verdad os hará libres"* (Juan 8:32). ¿Qué es lo que te hace libre? El conocimiento de la verdad te hace libre. No la verdad en sí misma, sino el conocimiento de la verdad, es lo que te hace libre. Lo opuesto también es verdadero: las mentiras te van a mantener atado. Jesús llamó a Satanás *"el padre de mentiras"* (Juan 8:44). El diablo va a decir cualquier mentira que pueda para mantenerte atado en el pecado y en los hábitos dañinos.

De acuerdo al apóstol Santiago, si hablamos mentiras a nosotros mismos, nuestros cuerpos se convierten en algo incontrolable. *"Porque todos tropezamos de muchas maneras. Si alguno no tropieza en lo que dice, es un hombre perfecto, capaz también de refrenar todo el cuerpo"* (Santiago 3:2). Santiago estaba diciéndonos que la persona que habla la verdad está en control de sí misma; en otras palabras tiene control de sí mismo. Cuando hablamos mentiras, incluso a nosotros mismos, perdemos ese control. Tales mentiras pueden venir en la forma de falsas creencias. Estas mentiras deben ser sustituidas con la verdad.

Las mentiras que creemos

Una de las principales mentiras que nos decimos a nosotros mismos a fin de evitar ejercitar el control de uno mismo es ésta: *Debido a que he fallado anteriormente, siempre voy a fallar.* Sin embargo, la experiencia nos dice que la mayoría de la gente que han vencido todos esos hábitos tan dañinos, tuvieron que hacer muchos intentos a fin de poder romper con esos hábitos—y esto incluye muchas veces que fallaron. La mayoría de los ex fumadores han tratado de dejar los cigarros en numerosas ocasiones antes de que finalmente pudieran ser capaces de dejarlos en forma permanente. ¡El hecho de haber fallado en el pasado no garantiza a fallar en el futuro!

Otra mentira muy común en la que creemos y que puede impedir el control de uno mismo es: *Solo estoy lastimandome a mí mismo.* Aquellos que creen en esta mentira nunca han podido ser consejeros de nadie. Yo he aconsejado a docenas de esposas que tenían el corazón roto debido a sus matrimonios despedazados, debido a que sus vidas estaban destruidas porque sus borrachos maridos no dejaban de beber. Las lágrimas que derramaban me testificaban el hecho de que el pecado lastima no sólo a los ofensores, sino a todos aquellos que están alrededor de ellos.

Algunas gentes que han creído en esta mentira a fin de evitar los sentimientos de culpa que vienen como resultado de sus acciones. El daño que el pecado produce, no se restringe al pecador solamente—existe daño adicional también.

Esta es otra mentira que también nos digerimos: *Yo no puedo negarme a mí mismo.* Jesús dijo, "*Si alguno quiere venir en pos de mí, niéguese a sí mismo, tome su cruz y sígame*" (Mateo 16:24). Él obviamente creía que la gente tenía el poder de negarse a sí mismo. Si Él no hubiera creído en esto, hubiera sido extremadamente injusto pedir este tipo de negación de sí mismo de todos Sus seguidores.

> *A pesar de las mentiras que cuenta el diablo, tú puedse resistir el dolor del control de ti mismo. Tú vas a sobrevivir. ¡En verdad lo harás!*

"Pero es que usted no entiende mi situación".

"¡Mi tentación es mucho más fuerte de lo que yo puedo aguantar!"

"¡No puedo aguantar la presión!"

Pero Dios dijo, "*No os ha sobrevenido ninguna tentación que no sea común a los hombres; y fiel es Dios, que no permitirá que vosotros seáis tentados más allá de lo que podéis soportar*" (1ª Corintios 10:13). Dios no va a permitir que tú seas tentado más allá de lo que tú puedes soportar; tú tienes la capacidad de resistir cualquier acción o comportamiento tentador.

En realidad, algunas gentes simplemente no quieren tener que pasar por la tentación, pero ellos pueden vencerla— si es que ellos eligen hacerlo. Tú *puedes* decir "no" a ti mismo. A pesar de las mentiras que el diablo te dice, tú puedes soportar el dolor que implica el control de uno mismo. Tú vas a sobrevivir. ¡Tú realmente lo vas a lograr!

¿Te gusta el helado?

"Sí", tú tal vez puedes decir, "yo amo el helado. Esa es mi debilidad. Yo no puedo decirle no al helado".

"Sí, de hecho, tú sí puedes".

"O no, no puedo. Lo amo demasiado".

Permítanme probar que tú puedes decirle "no" al helado. Imagínate a ti mismo dentro de la más grande tienda de helados en el mundo. Dentro de ella se encuentra cada sabor que tú te puedas imaginar—mucho más de lo que la más grande fantasía jamás pudo haber concebido. El empleado detrás del mostrador pregunta, "¿Qué es lo que tú quieres? Sólo dilo y lo haré para ti". Tú les das al empleado tu orden, y muy pronto él preparará el helado más grande y más cremoso y delicioso que tú jamás hayas visto. El empleado lo extiende hacia ti, junto con una enorme cuchara.

Esta es mi pregunta: ¿Acaso tú puedes rechazar ese helado?

"¡Oh no! ¡No puedo!"

Vamos a añadir algo más a esta historia. A medida que tú estás a punto de poner una enorme cucharada en tu boca, tú puedes escuchar un clic como si fuera un objeto metálico y muy frío que toca tu cabeza. Por la esquina de tu ojo izquierdo, tú puedes alcanzar a ver una mano enorme que está sosteniendo una pistola contra tu cabeza. Una voz profunda que advierte, "Si tú comes ese helado, ¡te voy a reventar los sesos!"

Dejame hacer esta pregunta otra vez: ¿Acaso tú puedes rechazar ese helado?

Yo creo que tú puedes ver el punto que estoy tratando de demostrar: Tú puedes decir "no" si tú entiendes las consecuencias.

>*La paga* [consecuencia] *del pecado es muerte"* (Romanos 6:23). El pecado destruye tu vida.

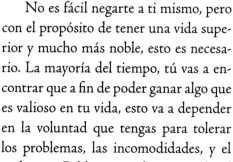

¡Resistir la tentación vale la pena!

No es fácil negarte a ti mismo, pero con el propósito de tener una vida superior y mucho más noble, esto es necesario. La mayoría del tiempo, tú vas a encontrar que a fin de poder ganar algo que es valioso en tu vida, esto va a depender en la voluntad que tengas para tolerar los problemas, las incomodidades, y el descontento. Esto es lo que Pablo quiso decir cuando él escribió,

>*Y no sólo esto, sino que también nos gloriamos en las tribulaciones, sabiendo que la tribulación produce paciencia; y la paciencia, carácter probado; y el carácter probado, esperanza.* (Romanos 5:3–4)

¡Resistir la tentación vale la pena!

Los pensamientos no son hechos

Otra mentira que nos decimos a nosotros mismos es ésta: *Debido a que lo pensé, por lo tanto, debo hacerlo.* Esta mentira es asociada normalmente con pensamientos lujuriosos. La gente normalmente mal interpreta las enseñanzas de Jesús acerca del adulterio, que fueron, *"Pero yo os digo que todo el que mire a una mujer para codiciarla ya cometió adulterio con ella en su corazón"* (Mateo 5:28).

Algunos incluso se atreven a decir, "Bueno, dado que pensar acerca de lo que yo quiero hacer no es lo mismo que hacerlo realmente, entonces, lo mejor es que simplemente lo haga". Este tipo de pensamiento sería muy cómico si no fuera tan trágico. Si el hecho de pensar acerca de algo es lo mismo que hacerlo, ¿por qué entonces vas a necesitar hacerlo? Es muy claro que pensar pensamientos de lujuria no es lo mismo que de hecho ir a actuar en ellos.

Veamos con mucho cuidado a lo que Jesús dijo con relación a un hombre que tuvo pensamientos de lujuria por otra mujer que no era su esposa. El dijo que este tipo de hombre había *"cometido adulterio con ella en su corazón"*. Debes notar que Jesús no dice que el hombre cometió adulterio en su carne. Adulterar en el corazón es algo malo, pero no es lo mismo que adulterar en la carne. En primer lugar, trata de usar este tipo de pensamiento con tu esposa y ve si acaso ella lo cree. "Cariño, debido a que ya he tenido pensamientos no curiosos acerca de otra mujer, voy a proseguir y voy a buscarla, porque de hecho ya soy culpable".

¡Yo me sorprendería si ella no te pone en tu lugar en ese mismo momento!

Tú puedes estar deseando cigarrillos todo el día, pero tú no vas a obtener cáncer en los pulmones por medio de sólo estar pensando en ellos. Tú vas a tener que fumarlos a fin de recibir el daño físico en tu cuerpo. Los pensamientos no son lo mismo que los hechos.

Otra mentira que nos decimos a nosotros mismos es ésta: *He trabajado tan duro y me he portado también, que me merezco portarme mal aunque sea un poquito.*

Jesús nos dijo que adoptamos una actitud más humilde cuando hemos hecho bien, y nos lo dijo diciendo lo siguiente,

> *Así también vosotros, cuando hayáis hecho todo lo que se os ha ordenado, decid: "Siervos inútiles somos; hemos hecho sólo lo que debíamos haber hecho".*
> (Lucas 17:10)

Mucha gente trata a premiarse a si misma por haber hecho su deber razonablemente, por medio de deshacer el bien que hicieron. Un marido que había sido adicto a las apuestas casi lo perdió todo, y por lo tanto finalmente él dejó de apostar por un año completo. Un buen día, el llego a casa sosteniendo dos boletos de avión para ir a Las Vegas. "¡Mira cariño!" Él le dijo a su esposa. "No he apostado por más de un año. No me va a lastimar si voy a apostar por el fin de semana".

Este hombre creía que él merecía portarse un poquito mal. Lo que él no se dio cuenta fue que en el momento en que entro al casino, el hábito de apostar se le metió nuevamente.

Otra mentira que nos decimos a nosotros mismos es ésta: *Realmente lo necesito.*

Esta persona ha confundido una *necesidad* con un *deseo*. Tú no *necesitas* un pedazo adicional del pastel. Tú no *necesitas* ir al bar de mujeres nudistas. Tú no *necesitas* ir a oler cocaína. Lo que tú realmente estás tratando de decir es que tú *deseas* esa cosa y *tienes lujuria* por ella. Tú realmente no la *necesitas* para sobrevivir.

Alguien tal vez quiera decir, "eso es correcto, no lo necesito; lo puedo dejar en cualquier momento, pero simplemente no quiero dejarlo". ¡Qué clase de chiste es este! Esta persona no "lo quiere dejar" porque la lujuria lo ha dominado por completo. Esta persona no quiere admitir que ha sido completamente *controlado* por ella.

"Y los que están en la carne no pueden agradar a Dios" (Romanos 8:8). Esta persona no quiere admitir que algo maligno lo está controlando. Hasta que él o ella lleguen a admitir esto, nunca van a buscar poner su carne bajo sujeción.

Finalmente, ésta es otra gran mentira que nos decimos a nosotros mismos: *Alguien más me hizo hacerlo.*

Un marido discute, "Mi esposa me hizo estar tan enojado; es su culpa por hacerme que le pegara". Nadie más tiene control sobre tus acciones sino tú mismo. Otros tal vez tengan estas excusas: "Tú no entiendes—yo no pude evitar robar debido a la vecindad donde yo crecí". Yo siento mucho que tú no haya tenido las mejores circunstancias durante tu crecimiento, pero aún dentro de esas circunstancias, esas mismas circunstancias no pueden *obligarte a hacer* nada. Hay otras personas que han tenido circunstancias similares, pero ellos han resistido la tentación de ser ladrones. Tú también puedes hacerlo.

El escenario ha sido preparado

El control de uno mismo es una decisión. Tú puedes decidir la forma de vida que vas a tener.

Tú tal vez discutas, "Yo no escogí ser un alcohólico. No es mi culpa que crecí con padres alcohólicos. Si yo no los hubiera tenido a ellos como mis padres, yo no sería un alcohólico el día de hoy".

Por favor, no confundas lo que otros hicieron con lo que tú estás haciendo. Ellos son responsables de sus vidas, pero tú eres responsable de la tuya.

La vida es como un escenario. Tú apareces en escena con el escenario ya preparado. Tú no escoges tú escenario. Tú no escogiste los padres que tal vez hayan abusado de ti. Tú no escogiste a los maestros en la escuela, quienes te ridiculizaron. Tú no escogiste a los compañeros de la escuela que siempre te molestaban. Tú no deseaste tener una esposa o esposo que te engañara. Tú no escogiste el escenario, ni la escenografía, ni a tus compañeros actores. Ellos estaban aquí cuando tú llegaste, o tal vez ellos cambiaron sin tu consentimiento.

> *El control de uno mismo es una decisión. Tú puedes decidir la forma de vida que vas a tener.*

Sin embargo, Dios se acerca a ti con un pedazo de papel en blanco en Sus manos. El te da ese pedazo de papel, junto con una pluma. Entonces, Él te dice, "El escenario ya ha sido preparado, pero tú debes de escribir el guión o la historia de tu vida. Tú vas a escoger que es lo que tu personaje va a realizar en este escenario de la vida real. Tú vas a decidir la forma como tu personaje va a reaccionar ante los padres, los amigos, y los conocidos que tú tengas".

En el drama de tu vida, tú vas a determinar cómo vas a responder a los maestros que te ridiculicen o a los compañeros que te molesten. Tú vas a determinar lo que tú vas a hacer después de que tu esposa te deja para irse con otro hombre, o tu marido para irse con otra mujer. ¿Te vas a ahogar en el pozo de la auto conmiseración, o vas a ahogar tus penas en una botella, o te vas a atragantar con tremendas cantidades de comida? O, ¿vas a perdonar y hacer de tu vida una vida mejor? La decisión es tuya. Tú—y sólo tú—¡vas a escribir el guión y la historia de tu vida!

Un ministerio de liberación no tiene el poder de escribir el guión o la historia de tu vida. Se llama control de *uno mismo* por una razón; tú eres la única persona que puede ponerlo en práctica. Sólo tú tienes la habilidad de ejercitarlo. No te digas a ti mismo que no puedes. ¡Es una mentira!

El guión o la historia de tu vida está en tus propias manos. Tú eres el autor. ¿Qué es lo que vas a escribir?

Parte III

La guerra espiritual

Capítulo nueve

¿Qué son los ángeles caídos?

La mayoría de la gente que escucha mis enseñanzas, inevitablemente quieren llegar a conocer la diferencia que hay entre los demonios y los ángeles caídos. Es el propósito este capítulo explicar las características de los ángeles caídos y de su trabajo, así también como clarificar la diferencia entre ellos y sus compañeros caídos que son los demonios.

1. Los ángeles caídos viven en lugares celestiales

Pablo describió dos tipos de entidades espirituales:

> *Por lo demás, fortaleceos en el Señor y en el poder de su fuerza. Revestíos con toda la armadura de Dios para que podáis estar firmes contra las insidias del diablo. Porque nuestra lucha no es contra sangre y carne, sino contra principados, contra potestades, contra los poderes de este mundo de tinieblas, contra las huestes espirituales de maldad en las regiones celestes.* (Efesios 6:10–12)

Esta simple verdad muchas veces ha sido pasada por alto. Aquí podemos leer que existen dos lugares para las entidades malignas: *"Los poderes de este mundo"* y *"las huestes espirituales de maldad en las regiones celestes".* Algunos espíritus habitan en este mundo, mientras que otros habitan en lugares celestiales. Es mi creencia en lo particular que los ángeles caídos residen en lugares celestiales, mientras que los demonios residen en la tierra.

Mientras que es verdad que los ángeles del diablo fueron echados fuera del cielo cuando se unieron en la rebelión en contra de Dios, el cielo del cual ellos fueron expulsados fue el *"tercer cielo"* (2ª Corintios 12:2), donde Dios vive. Si existe un tercer cielo, sería completamente lógico el hecho de asumir que la misma manera debe existir un primero y un segundo cielo, por lo menos. Los *"lugares celestiales"* que se mencionan en el libro de Efesios, de hecho son "el segundo cielo". Sólo porque Dios expulsó a los ángeles del cielo, esto no significa que Él cortó completamente sus alas.

El diablo tiene un plan muy bien organizado de antemano en contra de cada persona, de cada iglesia, de cada ciudad, y de cada nación.

Diferentes de los ángeles, los demonios nunca son descritos como criaturas con alas, y ellos parecen estar limitados a la tierra. Los demonios que se encontraban dentro del hombre loco del lugar de los Gadarenos, le rogaron a Jesús que no los enviara fuera de ese lugar. (Favor de ver Marcos 5:10). Su única elección estaba limitada a andar vagando por la tierra. Ellos no podían volar hacia los lugares celestiales. De hecho, Jesús dijo que cuando un demonio es echado fuera, él camina en *"lugares secos"* (Mateo 12:43, RVR). Aunque alguien podría discutir que la palabra griega para *caminar* tiene un significado diferente de "caminar sobre los pies", el punto es que los demonios atraviesan por *"lugares secos"*—y esto es un término que parece indicar algún tipo de tierra. Ellos no vuelan hacia el cielo, sino que siguen vagando a través de la tierra. Los ángeles caídos, por el contrario, viven en lugares celestiales.

En un sentido militar (debido a que nos estamos refiriendo a una guerra espiritual), los demonios pudieran ser representados por un ejército, mientras que los ángeles caídos podrían ser representados por la fuerza aérea. La fuerza aérea es una amenaza mucho más grande y más poderosa, que tiene un efecto destructor mucho más grande que un ejército de tierra. La fuerza aérea casi siempre va a poder derrotar a las tropas de tierra. De la misma manera, los ángeles caídos, debido a la habilidad que tienen para poder volar, tienen mayor poder y mayor autoridad que los demonios.

2. Los ángeles caídos se encuentran bajo el gobierno del diablo

Tanto los demonios como los ángeles están siendo controlados por el diablo, quien también es denominado como *"el príncipe de los demonios"* (Mateo 9:34), y por lo tanto es muy claro que él gobierna sobre los demonios. Lo mismo es cierto con relación a los ángeles caídos. Ellos de hecho son llamados los ángeles de Satanás. (Favor de ver Apocalipsis 12:7). Ellos son gobernados por un dictador espiritual, y no actúan por su propia cuenta, si no reciben órdenes del diablo.

Cuando Pablo describió a los gobernadores, a las autoridades, a los poderes de las fuerzas espirituales de maldad, él dijo, *"Revestíos con toda la armadura de Dios para que podáis estar firmes contra las insidias del diablo"* (Efesios 6:11). La obra de estas entidades espirituales consiste en llevar a cabo *"las insidias del diablo"*.

Ten cuidado de no equivocarte acerca de esto, porque el diablo tiene un plan muy bien organizado de antemano, en contra de cada persona, en contra de cada iglesia, de cada ciudad, y de cada nación. Los ángeles caídos trabajan para llevar a cabo todo este plan. Ellos no trabajan descuidadamente sino que tienen una muy cuidadosa planeación. De la misma manera como un ejército militar está altamente organizado—teniendo planes detallados y una muy clara jerarquía, desde los generales hasta los soldados—así también, el diablo tiene una fuerza organizada de maldad, para ayudarle a llevar a cabo su obra diabólica.

3. Los ángeles caídos han mantenido su forma celestial

Contrario a como son ilustrados en las obras de arte de tipo medieval, los ángeles caídos no sufrieron mutaciones para transformarse en criaturas grotescas que se ven como monstruos, o tomando forma de insectos, o de animales feroces, o de hombres deformados. Los demonios tienen algunas de estas características, pero no los ángeles caídos. Los demonios son una clase particular de seres, mientras que los ángeles caídos son otra completamente diferente.

La Biblia describe su naturaleza como sigue:

> *Atrevidos y obstinados, no tiemblan cuando blas-*
> *feman a majestades angélicas, cuando los ángeles,*
> *que son mayores en fuerza y en potencia, no pro-*
> *nuncian juicio injurioso contra ellos delante del*
> *Señor.*   (2ª Pedro 2:10–11)

¿Por qué es que los ángeles son muy cuidadosos acerca de injuriar a sus camaradas caídos? Porque a pesar de su estado caído, estos ángeles todavía son *"seres celestiales"* (NVI). *Celestial* significa "perteneciente a los cielos". Tal y como lo noté anteriormente, los ángeles caídos todavía viven en los lugares celestiales entre los ángeles de Dios.

La palabra *celestial* también nos habla del tipo de cuerpos que tienen estos ángeles. Nosotros como humanos tenemos "cuerpos terrenales"—físicos, cuerpos tangibles hechos de la tierra. Aunque tenemos un espíritu dentro de nosotros, operamos en el medio ambiente de lo material. Tenemos la habilidad para ejercer influencia en el medio ambiente espiritual sólo a través del poder del Espíritu Santo de Dios. Sin el Espíritu Santo de Dios trabajando a través de nosotros, seríamos completamente incapaces de ejercer cualquier tipo de potestad, autoridad, de echar fuera, o de dominar a los ángeles caídos. El mundo primario que controlamos es el mundo físico.

Los ángeles por el otro lado, tienen cuerpos hechos de espíritu; y de hecho, ellos son llamados espíritus. Un espíritu angélico es capaz de operar en los dos tipos de medio ambiente—en el espiritual y en el físico. La mayoría de la gente tiene que reconocer que los ángeles operan en el medio ambiente espiritual, pero muchos se sorprenden cuando descubren que ellos también pueden operar en el medio ambiente físico. La Biblia dice que los ángeles le dieron de comer a Elías (favor de ver 1ª Reyes 19:5, 7), y que abrieron las puertas de la prisión para que los apóstoles pudieran escapar (favor de ver Hechos 5:19), y que protegieron a Daniel de cualquier daño por medio de cerrar físicamente las bocas de los leones. (Favor de ver Daniel 6:22).

Los demonios, por el otro lado, no pueden realizar actos físicos. Ellos no pueden mover muebles, no pueden abrir puertas, o no pueden levantar a la gente para que levite en el aire. Debido a que los ángeles caídos tienen cuerpos celestiales, ellos son capaces de manipular el mundo físico. Es mi punto de vista en lo personal que todas aquellas llamadas "casas embrujadas" son principalmente la obra de ángeles caídos, y no de los demonios.

La mayoría de la gente tiene que reconocer que los ángeles operan en el medio ambiente espiritual, pero muchos se sorprenden cuando descubren que ellos también pueden operar en el medio ambiente físico.

Marcos y Deborah vivían en una casa embrujada en donde ellos experimentaban cosas extrañas, desde sonidos muy raros hasta objetos que se levantaban en el aire. Ellos incluso llegaron a ver a una "fantasma mujer" que vagaba por su casa. Ellos trataron muchas cosas a fin de deshacerse de este espíritu pero nada tuvo éxito. Ellos rociaron su casa con agua bendita y aún levantaron una enorme cruz en su techo, pero el espíritu no se iba. No fue sino hasta que ellos

comenzaron a asistir a la iglesia, que ellos pudieron aprender que, en su autoridad como hijos de Dios, ellos podían
reprender a los espíritus y podían echarlos fuera. Después
de aprender esta gran verdad ellos tomaron autoridad y
echaron fuera a ese ángel maligno de su casa, y desde ese
momento todo este extraño fenómeno desapareció.

Aunque los ángeles caídos retienen su forma celestial,
ellos no tienen la misma composición moral que los ángeles de Dios tienen. Ellos no desean obedecer a Dios o a
hacer lo que es correcto, debido a que sus mentes han sido
corrompidas.

4. Los ángeles caídos afectan la atmósfera del mundo

> *Vosotros, que estabais muertos en vuestros delitos*
> *y pecados, en los cuales anduvisteis en otro tiempo*
> *según la corriente de este siglo, conforme al prín-*
> *cipe de la potestad del aire, el espíritu que ahora*
> *opera en los hijos de desobediencia.*
>
> (Efesios 2:1–2)

El diablo es llamado *"el príncipe de la potestad del aire"*.
Existen en los aires tremendas fuerzas del enemigo que están
muy bien organizadas, y que están trabajando para hacer que
los incrédulos sigan los caminos de este mundo. La palabra
aire se refiere al nivel más bajo de los cielos espirituales. Este
término también quiere decir "atmósfera". Los ángeles caídos trabajan para crear una atmósfera cómoda para que los
demonios puedan realizar su trabajo diabólico. Muy similar
a lo que realiza la fuerza aérea, ellos vuelan sobre un territorio, y proveen apoyo y cobertura para que las tropas de tierra

puedan tener éxito en su trabajo. Los ángeles caídos se dedican a crear el medio
ambiente adecuado en lo político, en lo
social, en lo religioso y filosófico, lo cual
va a permitir que los demonios controlen a la gente en forma muy personal, así
como todo lo que les rodea. Una palabra
describe este tipo de atmósfera: *cultura*.
Los ángeles caídos se dedican a crear una
cultura que hace muy difícil que la gente
se salve o que los creyentes puedan seguir
a Cristo Jesús con todo su corazón.

*Los ángeles
caídos trabajan
para crear una
atmósfera donde
los demonios
puedan hacer su
trabajo.*

La gente me pregunta muy frecuentemente si ciertas
ciudades o lugares específicos tienen más demonios que
otros lugares, y la respuesta rápida para esta pregunta es *sí*.
En todos los lugares donde los ángeles caídos han podido
tener éxito, siempre va a existir mucha mayor actividad demoniaca. Esta es la razón de por qué es esencial que podamos hacer guerra en forma efectiva y muy correctamente en
contra de todas estas fuerzas espirituales de maldad en los
lugares celestiales.

5. Los ángeles caídos pueden realizar algunas de las actividades que realizan los demonios

Sólo debido a que los demonios y los ángeles caídos son
diferentes uno de los otros, no significa que existe una línea
muy clara de separación entre estos tipos de seres. Los ángeles caídos realizan algunas de las cosas que hacen los demonios. El diablo también es llamado *"el tentador"* (Mateo

4:3, 1ª Tesalonicenses 3:5), y en sí mismo es un ángel. Por lo tanto, los ángeles caídos también pueden tentarnos.

El significado principal de la palabra *ángel* es "mensajero". El trabajo de un mensajero es llevar un mensaje o una palabra de otra persona. Un ángel no necesita materializarse a fin de darnos un mensaje. Por ejemplo, la Biblia nos dice que Felipe pudo escuchar la voz de un ángel.

> *Un ángel del Señor habló a Felipe, diciendo: "Levántate y ve hacia el sur, al camino que desciende de Jerusalén a Gaza". (Este es un camino desierto).* (Hechos 8:26)

Aquí no parece como que el ángel se materializó; simplemente el ángel le habló a Felipe. Yo estoy convencido en lo personal de que muchos de los pensamientos y de las ideas que tenemos vienen derivados de las voces de ángeles, de la misma manera que sucedió con Felipe. Cuando tenemos buenos pensamientos y nos llegan ideas divinas, es muy probable que todo esto llegue por mano de los ángeles de Dios; por el otro lado, cuando tenemos malos pensamientos e ideas diabólicas, todo esto es muy probable que venga de parte de los ángeles caídos del diablo.

El gran teólogo Tomás de Aquino escribió lo siguiente, "Un ángel puede iluminar el pensamiento y la mente del hombre, por medio de fortalecer el poder de la visión". Yo estoy de acuerdo con él. De la misma manera, yo creo que un ángel caído puede "oscurecer" el pensamiento y la mente de un hombre, por medio de "reducir" la visión que ese hombre tiene de Dios.

Los ángeles de Satanás también provocan problemas por medio de tentar a otros hombres y mujeres para que persigan a los cristianos. El aguijón de Pablo en su carne era un buen ejemplo de esto: *"Por esta razón, para impedir que me enalteciera, me fue dada una espina en la carne, un mensajero de Satanás que me abofetee, para que no me enaltezca"* (2ª Corintios 12:7). Pablo demuestra muy claramente que estos mensajeros o ángeles provenientes de Satanás pueden atormentar a un creyente. Yo estoy consciente de las diferentes interpretaciones con relación a lo que el "aguijón" le hizo a Pablo, pero es mi punto de vista personal, que ese aguijón levantó una gran persecución en contra de él. El describe los efectos de ese aguijón en estas palabras: *"Por eso me complazco en las debilidades, en insultos, en privaciones, en persecuciones y en angustias por amor a Cristo; porque cuando soy débil, entonces soy fuerte"* (2ª Corintios 12:10).

Pablo estaba indicando que este ángel malvado estaba levantando persecución dondequiera que iba. Estas persecuciones impedían que Pablo fuera capaz de compartir las revelaciones que Dios le había dado. La respuesta de Pablo a este ángel caído era ponerse a orar a Dios:

> *Acerca de esto, tres veces he rogado al Señor para que lo quitara de mí. Y El me ha dicho: "Te basta mi gracia, pues mi poder se perfecciona en la debilidad". Por tanto, muy gustosamente me gloriaré más bien en mis debilidades, para que el poder de Cristo more en mí.* (versículos 8–9)

El método de Pablo para confrontar toda esta persecución originada por los ángeles caídos era la oración. Muy frecuentemente tenemos la idea de que todo lo que necesitamos hacer simplemente es reprender a un ángel malvado y echarlo fuera. Yo desearía que fuera así de fácil. Los ángeles malignos son más difíciles de echar fuera que los demonios.

6. No es tan fácil echar fuera a los ángeles caídos de una persona, o de una iglesia, o de un lugar específico, o de una nación

Nuestro trabajo para derrotar a los ángeles caídos requiere un gran esfuerzo. Aunque podemos confrontarlos directamente en el nombre de Jesús, muy frecuentemente debemos emplear armas adicionales para poder derrotar sus efectos. Típicamente, un soldado necesita solamente una ametralladora o un rifle para combatir a los soldados de tierra del enemigo. Sin embargo, cuando el soldado es atacado desde el aire, las armas que tiene ese soldado tienen muy poca efectividad.

Daniel oró y ayuno por 21 días, antes de que él pudiera ver al *"príncipe de Persia"* (que era un ángel caído) derrotado y echado fuera para que no pudiera destruir a Israel. (Favor de ver Daniel 10:13).

Considera a Judas Iscariote. La Biblia dice lo siguiente, *"Satanás entró en él"* (Juan 13:27). Judas murió en esa misma condición. Cuando los ángeles malignos están trabajando en una persona, en una iglesia, o en una nación, se va a necesitar más que una simple represión para echarlos fuera. Ellos son seres muy fuertes, y no es muy fácil sacarlos de las tareas que están realizando.

En contraste, los demonios son relativamente fáciles para poder echarlos fuera con una simple orden. Cuando MSNBC estaba filmando uno de los servicios de liberación en mi iglesia ellos comentaron, "En menos de cinco minutos, la liberación se había terminado". Les sorprendió a ellos que una liberación pudiera darse en tan corto tiempo. Por supuesto, yo no estaba tratando con un ángel caído en este caso, sino con un demonio. Un ángel caído no podría ser removido de una persona tan rápidamente.

En la mayoría de los casos que he podido testificar, los ángeles caídos no procuran entrar en una persona, porque hacer esto limitaría su movimiento. Tal y como mencioné anteriormente, los ángeles—caídos o no caídos—tienen sus propios cuerpos celestiales, y no necesitan de los cuerpos de seres humanos para poder manifestarse. Gabriel no necesito tomar ningún cuerpo humano para poder aparecer delante de María o de Zacarías. Sin embargo, en un caso como el caso de Judas, Satanás encontró que podría ser muy ventajoso entrar y convertirse en una forma humana. (Favor de ver Lucas 22:3). Cuando esto sucede, se va a requerir mucha oración, ayuno, y mucho discernimiento, para poder echar fuera a un ángel caído de la persona con la que se esté tratando.

En ciertos casos, la función asignada a ciertos ángeles de alto rango no va a involucrar sólo a una persona, sino a todo un grupo de gentes.

En la mayoría de los casos, parece ser que las funciones asignadas a ciertos ángeles de alto rango no van a involucrar a una persona solamente, sino a todo un grupo de gentes—que puede ser una iglesia, una ciudad, una localidad, una nación. De la misma manera como hay ángeles velando sobre las iglesias, tal y como lo menciona el libro del Apocalipsis (Favor de ver, por ejemplo, Apocalipsis 2:1), también hay ángeles malignos que están intentando ejercer influencia sobre las iglesias.

Rubén había sido miembro de mi iglesia por dos décadas. El no tenía visiones muy fácilmente, pero en una ocasión él me dijo, "Tom, estaba manejando mi automóvil, cuando pude ver a un ángel volando. Yo comencé a seguirlo dondequiera que iba. Eventualmente, me llevó a la iglesia Palabra de Vida". Tanto los ángeles buenos como los ángeles malignos realmente tienen funciones que realizar sobre las iglesias, sobre las ciudades, y sobre las naciones.

7. Los ángeles caídos son derrotados solamente a través de una intensa guerra espiritual

"Porque las armas de nuestra contienda no son carnales, sino poderosas en Dios para la destrucción de fortalezas" (2ª Corintios 10:4). Este pasaje ha sido cambiado y abusado de tal manera, y con el objetivo de implicar que podemos simplemente "atraer" o "jalar" a las fuerzas angélicas de los lugares celestiales. La frase adverbial activa *"para la destrucción de"* ha alimentado la imaginación de muchos creyentes, causándoles visualizar a los ángeles caídos en los lugares celestiales como si hubieran sido "derribados" por medio de las represiones. Ellos acostumbran decir algo como esto, "en el nombre de Jesús, yo destruyó esas potestades y principados en los lugares celestiales". En sus mentes, ellos crean una escena dramática donde sus órdenes son como proyectiles o cohetes teledirigidos, que son disparados hacia los ángeles caídos, y que hace que sean derribados hacia la tierra como hemos visto a muchos aviones de combate en las películas

de guerra, o por lo menos, echándolos fuera del territorio donde ellos estaban gobernando.

Algunos de los santos que oran, incluso, han llevado la guerra espiritual a profundidades mucho más grandes, por medio de realmente rentar helicópteros, a fin de acercarse mucho más al campo de batalla en el cielo. Desde allí, ellos lanzan gritos de victoria, ordenan a los "espíritus de los territorios" que se salgan de esa región. Ellos están convencidos de que los espíritus se van a ir en cuanto escuchan las órdenes que ellos están pronunciando.

Existe un problema con esta táctica: ¡simplemente no funciona! Después de todos estos esfuerzos en la batalla espiritual y después de estar "reclamando ciudades para Cristo Jesús", todas estas áreas permanecen sin cambio alguno. Las cantinas siguen abiertas. Los clubes nocturnos se encuentran llenos de gente. Las cifras de divorcio siguen disparándose hasta los cielos. Los centros de aborto siguen matando a todos aquellos seres que no han nacido todavía. El crimen, la corrupción, y la injusticia están continuando. Las iglesias se encuentran en un declive total. Parece que, con toda esta guerra espiritual, deberíamos ya haber visto mejores resultados que todo esto.

¿Acaso Dios no está escuchando? ¿O acaso hemos fallado en aplicar correctamente el significado de *"para destrucción de"* principados y potestades? Para mí es muy obvio que la aplicación de este pasaje está equivocada. Las *"fortalezas"* a que Pablo se está refiriendo no tenían nada que ver directamente con *"fuerzas espirituales malignas en las regiones celestiales"* (Efesios 6:12), sino que tienen que ver con *"especulaciones y todo razonamiento altivo que se levanta contra el conocimiento de Dios"* (2ª Corintios 10:5, NVI).

El cuartel general del diablo puede estar en *"las regiones celestiales"*, pero al campo de batalla está en nuestra *mente*. Tú puedes gritarle a las fuerzas en el cielo hasta que te quedes completamente ronco, pero si tú no estás haciendo la parte que te corresponde para cambiar el pensamiento de tu comunidad, tú has perdido tu voz en vano. Peor aún, tu comunidad va a permanecer bajo la influencia del reino de las tinieblas.

Para poder entender más claramente nuestra estrategia con relación a la guerra espiritual en contra de los ángeles caídos, primero debemos reconocer a estos seres. Mientras que los demonios trabajan *directamente* en contra de nosotros, los ángeles caídos usan tácticas que son más *indirectas* en su naturaleza. Es muy fácil poder reconocer un ataque demoníaco, y lo que tiene que hacerse en respuesta a esto—reprenderlo y ordenarle que se vaya. ¿Pero qué es lo que tú tienes que hacer cuando una fuerza espiritual en los cielos ataca?

Mientras que los demonios trabajan directamente *en contra de nosotros, los ángeles caídos usan tácticas que son más* indirectas *en su naturaleza.*

Aunque en los ojos de Dios hemos sido levantados con Cristo Jesús, y sentados con Cristo Jesús en los lugares celestiales (favor de ver Efesios 2:6), nuestro lugar de residencia temporal sigue siendo en este mundo. Debido a que estamos sentados con Cristo Jesús en los lugares celestiales, tenemos autoridad en este medio ambiente, pero la forma como ejercitamos esa autoridad sobre los ángeles caídos es diferente de la forma como ejercitamos nuestra autoridad sobre los demonios. Una vez más, tengo que regresar a este punto: un soldado de tierra combate al enemigo en la tierra, por medio de usar cierto tipo de armas, pero él tiene que usar armas más poderosas y que son mucho muy diferentes cuando se enfrenta a un elemento de combate aéreo. Lo mismo es cierto con relación a los ángeles caídos. Podemos confrontarlos directamente por medio de órdenes de fe; sin embargo, necesitamos emplear armas adicionales y que sean mucho más poderosas contra de ellos.

En el siguiente capítulo, voy a describir siete armas muy poderosas que podemos usar para derrotar las fuerzas de estos ángeles.

Capítulo diez

Cómo tratar con los ángeles caídos

La conclusión a la que he llegado con relación a cómo tratar con los ángeles caídos me ha tomado mucho tiempo, mucho pensamiento, mucha oración y mucho estudio de la Biblia. Esto, combinado con años de experiencia, me ha llevado a estas siete maneras de cómo tratar con los ángeles caídos, las cuales, si las practicamos, van a atar, a limitar, y aún a derrotar su poder y la influencia que tienen en este mundo.

1. Echar fuera demonios

Los demonios son la primera línea de defensa de Satanás a fin de poder realizar cualquier avance en contra de las fuerzas celestiales, tú debes penetrar sus principados y potestades. Si un área en particular tiene un gran número de demonios, tú no tienes otra opción, sino tener que tratar con ellos directamente.

El ocultismo es una forma de religión falsa a través de la cual la gente se encuentra o busca fuerzas espirituales, a fin de obtener poder, tales como el vudú, la brujería, las lecturas psíquicas, o las prácticas de la nueva era. En lugares donde predominan este tipo de prácticas, yo he podido encontrar grandes números de gente que está demonizada. Algunos de los servicios más raros y diferentes de liberación que yo jamás he visto, han sido en áreas que están dominadas por el ocultismo.

Durante la primera noche de un servicio particular que tuvimos en África, yo hice un llamamiento para que la gente pasara al frente a ser sanada. Un hombre pasó al frente y fue sanado por el Señor Jesús. Poco tiempo después, él comenzó a gritar y a decir maldiciones en contra del pastor y en contra de mi. Los dos oramos por él para que fuera liberado, y en cuestión de minutos, él fue liberado. Más tarde el testificó que cuando él escuchó que yo me estaba acercando, él trató de recurrir a su magia vudú a fin de poner una maldición sobre estas reuniones. El vino esa noche con la intención de obstaculizarnos, pero encontró que se encontraba atado e impedido de interrumpir nuestra reunión por el poder de Dios que estaba presente. Tocado muy fuertemente por este mensaje, él paso al frente, y para su sorpresa, fue sanado. En ese momento, los espíritus malignos que estaban dentro de él reaccionaron violentamente, antes de salir de él en forma definitiva.

Éstos casos son muy comunes en países donde el ocultismo se practica abiertamente. Yo estoy muy preocupado por las naciones que son altamente desarrolladas, y que están experimentando una creciente fascinación con el ocultismo. Parece que existen más y más películas y programas de televisión que están tratando con estos temas del ocultismo también.

Los ángeles caídos resultan lastimados cuando nosotros echamos fuera demonios.

Yo creo que los ángeles caídos son lastimados cuando nosotros echamos fuera demonios, principalmente debido a la respuesta de Jesús a sus seguidores cuando ellos regresaron de un viaje misionero. Ellos le dijeron al Señor Jesús, *"Hasta los demonios se nos sujetan en tu nombre"* (Lucas 10:17). Debes notar la respuesta que Jesús les dio con relación a los maravillosos testimonios de exorcismo que ellos trajeron:

> *Y El les dijo: Yo veía a Satanás caer del cielo como un rayo. Mirad, os he dado autoridad para hollar sobre serpientes y escorpiones, y sobre todo el poder del enemigo, y nada os hará daño.*
>
> (Lucas 10:18–19)

Parecía ser, que el diablo perdió gran cantidad de terreno en los lugares celestiales esté día. Algunos creen que esto es solamente una mera referencia a la caída original de Satanás desde el cielo. Tal vez esto es cierto, pero que extraño es el contexto en el cual está contenido junto con toda esta información. Yo creo que Jesús también se estaba refiriendo a lo que está sucediendo en el presente, y a lo que le está sucediendo al diablo como consecuencia del éxito que los discípulos de Jesús habían tenido en echar fuera demonios. En otras palabras, por medio de derrotar a los demonios del diablo, también estamos administrando derrotas personales a Satanás.

2. La oración de intercesión

La oración de intercesión es un arte que casi se encuentra perdido. Muchos cristianos van a correr para celebrar la Oración del Señor, o van a hacer una oración muy rápida para pedir protección o para pedir bendición, pero ellos conocen muy poco acerca de luchar en oración en forma intensa y agonizante en el espíritu. La oración de intercesión muy frecuentemente está asociada con el ayuno. Desafortunadamente, la mayoría de los creyentes no quieren experimentar el sacrificio de la carne que se encuentra involucrado en el hecho de ayunar. Les parece algo muy difícil y también algo que no es necesario. Pero la oración y el ayuno muy frecuentemente deben ser combinados si es que queremos ver resultados.

El ejemplo de Daniel es un caso muy bueno como para ser estudiado. Estando muy preocupado y cansado de experimentar la cautividad continua de su pueblo, Daniel llegó a la profecía del profeta Jeremías, la cual predecía la cautividad de su pueblo, pero que también daba el tiempo aproximado para cuándo el pueblo de Dios iba a ser liberado. ¡Daniel descubrió que el tiempo ya había llegado!

Esperando el cumplimiento de la promesa profética, Daniel comenzó a buscar al Señor en oración.

> *En aquellos días, yo, Daniel, había estado en duelo durante tres semanas completas. No comí manjar delicado ni entró en mi boca carne ni vino, ni usé ungüento alguno, hasta que se cumplieron las tres semanas.* (Daniel 10:2–3)

La oración de intercesión es un tiempo de dolor y de sufrir respecto a una pérdida que se ha sufrido. Tú realmente no has intercedido por los perdidos, si tú no has llegado a experimentar el dolor y el sufrimiento por sus almas. Debes sentir el dolor que ellos sienten, el dolor de estar perdidos,

> *Tú realmente no has intercedido por los perdidos, si tú no has llegado a experimentar el dolor y el sufrimiento por sus almas. Debes sentir el dolor que ellos sienten, el dolor de estar perdidos, y de su condición sin esperanza.*

y de su condición sin esperanza. Muy frecuentemente, tú incluso vas a estar llorando por ellos en oración, esperando que ellos vengan a la salvación.

Desafortunadamente, muy seguido estamos tan atrapados en nuestros propios problemas, que no tenemos el tiempo necesario como para preocuparnos por los demás. Si el ministro de la iglesia les pide a los miembros que vengan a la iglesia para tener un tiempo de oración de intercesión, muy pocos van a llegar a asistir, a menos que ellos cuenten con una motivación muy personal para hacerlo. ¿Cómo es que vamos a poder remover las fuerzas de maldad, siendo que nos encontramos tan atados por ellas?

Es tiempo de sacudir nuestro egoísmo y nuestra carne tan débil, y ponernos a orar por los perdidos.

Daniel continuó diciendo, *"Estando yo junto a la orilla del gran río, es decir, el Tigris"* (versículo 4). Daniel no estaba en su clóset de oración, sino que se encontraba en un lugar de comercio, un lugar donde la mayoría de los negocios acostumbraban tomar lugar. La oración de intercesión debe ser practicada esperando ver un gran cambio. Daniel fue a un lugar donde podrían darse cambios en todo el esquema político de su tiempo. El tenía fe de que sus oraciones iban a ser contestadas.

No es una mala idea ponerse a orar, y entonces ir a los lugares donde se realizan las leyes, donde las ideas son propagadas, o donde se realiza el comercio. Debes demostrarle a Dios que tú crees que Él realizara un cambio. Fue justamente en las riberas del río Tigris es que Daniel aprendió acerca del futuro del mundo, y del futuro del pueblo de Israel. Esta revelación tenía la intención de mostrar a los futuros israelitas, la forma en que ellos tenían que planear el futuro, el tipo de regímenes políticos que ellos iban a tener que soportar, y mucho más importantemente, el tiempo cuando su Mesías iba a regresar.

Pablo describió este tipo de oración de intercesión, por medio de comparar el proceso que atraviesa el nacimiento de un niño: *"Hijos míos, por quienes de nuevo sufro dolores de parto hasta que Cristo sea formado en vosotros"* (Gálatas 4:19). El hecho de dar a luz es algo muy doloroso y que requiere muchísima energía. La oración de intercesión es exactamente como eso.

Epafras era un gran ejemplo y modelo para este tipo de oración. Pablo escribió acerca de él, *"Epafras, que es uno de vosotros, siervo de Jesucristo, os envía saludos, siempre esforzándose intensamente a favor vuestro en sus oraciones, para que estéis firmes, perfectos y completamente seguros en toda la voluntad de Dios"* (Colosenses 4:12). No es fácil luchar, pero Epafras sabía que él se encontraba en una batalla espiritual por el bienestar de la iglesia. La palabra *esforzándose* es tomada de la misma raíz que la palabra *agonizar*. La idea está tratando de expresar es que tú agonizas y sufres por causa de tu comunidad. Tú no estás satisfecho con la forma como ellos están viviendo. Tú sabes que Dios tiene algo mucho mejor para ellos, y tú oras hasta que esto se convierta en una realidad.

Tú te conviertes en alguien como Nehemías, quien, cuando escuchó que las paredes de Jerusalén se encontraban destruidas, dijo, "*Y cuando oí estas palabras, me senté y lloré, e hice duelo algunos días, y estuve ayunando y orando delante del Dios del cielo*" (Nehemías 1:4). Entonces, él se identificó con los pecados del pueblo: "*Que estén atentos tus oídos y abiertos tus ojos para oír la oración de tu siervo, que yo hago ahora delante de ti día y noche por los hijos de Israel tus siervos, confesando los pecados que los hijos de Israel hemos cometido contra ti; sí, yo y la casa de mi padre hemos pecado*" (versículo 6). Existen muchos santos muy condescendientes, que oran por el pueblo, pero muy dentro y muy profundo en sus corazones, no tienen entendimiento de su dolor y de la forma como han contribuido a esto.

Mientras que sigamos juzgando a la gente, en lugar de identificarnos con ellos, nunca vamos a poder entrar en el corazón de Dios, tocar el cielo, o echar a un lado a las fuerzas de las tinieblas.

3. Predicar el Evangelio

> *Porque no me avergüenzo del evangelio, pues es el poder de Dios para la salvación de todo el que cree; del judío primeramente y también del griego.*
>
> (Romanos 1:16)

El tipo de cambio o la moneda del diablo son las almas. Mientras más almas él tiene, es mayor la influencia que ejerce sobre el mundo. El miedo más grande que tiene el diablo es ver que un alma se salve. Cuando una persona escucha y comienza a entender el Evangelio, sus ojos son abiertos y es transformado de las tinieblas a la luz. A medida que hace esto, él abandona el dominio de Satanás; y por lo tanto, el diablo pierde influencia.

Para el diablo, la gente no son otra cosa sino una mercancía. El usa a las gentes para sus propios propósitos. Cuando una persona se salva y abandona su dominio, el diablo pierde cierta efectividad, y no puede suplir a sus ángeles caídos con la munición necesaria para seguir envenenando el medio ambiente.

El tipo de cambio o la moneda del diablo son las almas. Mientras más almas él tiene, es más grande la influencia que ejerce sobre el mundo.

Muy temprano en mi ministerio, yo fui invitado a predicar en un salón de baile muy grande y muy famoso en la ciudad de El Paso, el cual se llamaba el salón de baile de los hermanos Sancho. Este lugar era muy bien conocido por todas las fiestas, las borracheras, y todo tipo de maldad. Yo llegué y presenté el Evangelio, y mucha gente respondió por medio de aceptar la salvación. Entre las gentes que fueron eventualmente salvos estaban los cuatro hermanos que eran los dueños de ese salón de baile. Su negocio cerró poco después de que ellos se dedicaron a las vocaciones cristianas. Debido a su conversión, fue menos probable que la gente se emborrachara y cayera en pecados sexuales. El diablo necesita almas para poder liberar su guerra en contra de la creación. No es nada raro que él vaya a hacer su mejor esfuerzo para perseguir a un predicador del Evangelio que está muy ungido. El diablo va a hacer todo lo que esté en su poder para impedir que la gente escuche la Palabra de Dios. Por lo tanto, una forma muy importante de cómo libramos la batalla en contra de los ángeles caídos es por medio de predicar el Evangelio para que muchos otros sean convertidos.

4. Utilizando los medios de comunicación

El origen de la palabra *Hollywood* en realidad se deriva del término "Holy Wood", que significa bosque santo. Tal vez es que el pueblo había recibido un llamamiento de Dios para inspirar al mundo a través de sus películas—conmover los corazones de las gentes a través de historias de redención, acerca del bien ganando sobre el mal, y con relación a levantar el espíritu humano para que las gentes puedan tener mejores aspiraciones. En algún lugar a lo largo de este camino en la búsqueda del dólar todopoderoso, obviamente Hollywood perdió sus objetivos. Nunca se llegó a fundamentar en el santo bosque—en la cruz—o en la sangre de Cristo Jesús. Sin el significado de la cruz, Hollywood parece que solamente es capaz de exponer la basura que rebaja a los seres humanos. El sexo hace mucho dinero, y por lo tanto ellos producen con mucho entusiasmo lo que la gente quiere comprar.

Como creyentes, sabemos que ningún tipo de provecho o de ganancia debe interponerse en el camino de la verdadera profecía. Por supuesto que el pecado vende mucho; nadie discute este punto. El tema que debemos tocar es con relación a preguntarnos qué es lo que realmente nos motiva: "el amor al dinero" o "el amor por las gentes". Después de todo la gente también está buscando las drogas, pero eso no significa que debemos abrir tiendas para que los traficantes de drogas puedan vender, sólo por el hecho de que existe una necesidad.

No te pongas a esperar a que los ejecutivos en Hollywood tengan un cambio en su corazón. Es tiempo de que los creyentes ganen y recuperen nuevamente Hollywood—no sólo por las películas, sino en todas las formas de comunicación masiva posible. Predicar el evangelio tiene que ver directamente con la comunicación. Hay mucho más que tiene que ver con la comunicación, que sólo el hecho de estar parado detrás de un púlpito predicando un sermón.

Los medios de comunicación masivos abarcan todas las diferentes formas para poder distribuir información. Todo esto incluye tanto las formas impresas de los periódicos, las revistas, y los libros. Pero también incluye la radio, la televisión, las películas y la Internet. Los medios masivos de comunicación pueden producir cursos, noticias, documentales, y anuncios, así como todo tipo de entretenimiento a través de historias y de música. Los creyentes nunca han sido llamados a abandonar ninguna de las formas de comunicación masiva. Por el contrario, somos llamados a *"Id por todo el mundo y predicad el evangelio a toda criatura"* (Marcos 16:15, RVR).

Debemos ir mucho más allá de compartir "discursos intelectuales" si es que queremos competir con el mundo por los ojos y los oídos de *"toda la criatura"*. Debemos publicar las buenas nuevas en todas las formas posibles. Yo creo que Dios está levantando productores de películas y directores que una vez más, van a inspirar a los auditorios con historias que van a hablar de la redención y de la moralidad. Dios está llamando a hombres y mujeres para que se conviertan en reporteros nuevos, que van a contar historias, las cuales van a retar a las gentes a un estilo de vida mucho más

Debemos ir mucho más allá de compartir "discursos intelectuales" si es que queremos competir con el mundo por los ojos y los oídos de "toda la criatura".

noble. Dios está llamando a aquellos creyentes que son muy hábiles y conocedores de la Internet para que compartan creativamente el Evangelio en el espacio cibernético. Dios está hablandoles a los autores que van a escribir libros y guiones, los cuales van a tocar el corazón de la humanidad tan dolorida. Van a haber compositores que van a escribir las tonadas y la letra de la música, que les van a llegar desde el cielo.

Mi hijo Justin, y otros tres amigos de la Universidad de Baylor estaban hablando con otro amigo que había intentado suicidarse. Ellos estaban tratando de animarlo para que quitara su mente de sus problemas y que pudiera hacer algo más venturoso. *¿Cómo qué?* Él se preguntaba.

Ellos le dieron varias sugerencias, pero hubo una que destacó muy en particular: ¿Por qué no manejar en sus bicicletas desde la ciudad de Waco, Texas hasta la ciudad de Ancorage en Alaska? Después de darle bastante pensamiento a esto y discutirlo repetidamente, de repente se voltearon uno hacia el otro y dijeron al unísono, "Bueno, ¿qué es lo que nos está deteniendo de hacerlo? ¡Vamos a hacerlo!"

Ellos se metieron a la dirección en la Internet de la cadena social local *Facebook* y propusieron un reto: si 250,000 gentes se unían a su grupo *Facebook*, los cuatro muchachos iban a aceptar el reto, que iban a montarse en sus bicicletas para viajar desde Texas hasta Alaska. Ellos se imaginaron que nunca iba a ser posible que hubiera tal cantidad de gente que los apoyara. ¡Imagina la sorpresa que ellos tuvieron cuando el reto que propusieron se cumplió dentro de los siguientes 11 días!

Desde entonces, ellos lanzaron una nueva dirección en la Internet con todos "los ruidos y campanas" que pueden atraer a los espectadores jóvenes. Ellos han sido huéspedes principales de varios periódicos locales, así como varias estaciones de televisión, y han podido capturar la atención del mundo común y corriente. La cadena de televisión MTV ha estado trabajando con ellos para sacar al aire sus canciones favoritas en la dirección que ellos colocaron en la Internet. Entre canción y canción, ellos hablan acerca de temas que tienen que ver con la prevención de suicidio, y dan pequeñas frases de inspiración sin convertirse en demasiada predicación. Estos muchachos están haciendo el tipo de cosas que yo creo Dios quiere que todos nosotros hagamos—usar todos los medios posibles de tecnología y de comunicación para poder alcanzar a la gente con las buenas nuevas del Evangelio.

En lugar de abandonar las ondas de radio y televisión, necesitamos conquistar al diablo—que es *"el príncipe de la potestad del aire"* (Efesios 2:2)—¡y mostrarle quiénes somos realmente los dueños de las ondas de radio y televisión en los aires! En verdad estamos combatiendo y derrotando a las fuerzas demoníacas cada vez que usamos los medios masivos de comunicación para la gloria de Dios.

5. Influenciando a las escuelas

Jay es un maestro de historia con mucha experiencia. A pesar del éxito que ha tenido en el sistema educativo, él se acercó a platicar conmigo en una ocasión y me expresó la frustración que sentía con relación a su vocación.

"Pastor, yo siento como que no estoy haciendo nada, siendo que conozco que existe un mundo allá afuera que necesita ser liberado". El explicó la forma como él estaba impresionado con mi obra. Él también, quería viajar y poder tener reuniones de milagros de liberación y de sanidades alrededor de todo el mundo. A pesar de todos sus esfuerzos, él no había recibido ninguna invitación para predicar en ningún lado "¿qué es lo que estoy supuesto a hacer con mi vida?" El preguntó.

Jay, como muchos otros creyentes llenos con el Espíritu Santo, tenía un entendimiento muy limitado acerca de la guerra espiritual. El había encerrado este concepto sólo relacionándolo a reuniones de avivamiento donde el ministro suele echar fuera demonios, e invitar a la congregación para que se involucren en oraciones de guerra espiritual. El sabía muy poco con relación al hecho de que él tenía la oportunidad de involucrarse en guerra espiritual justo ahí donde Dios lo había colocado—en una escuela.

Yo le expliqué a Jay que él, y todo el resto de la gente, debería saber la forma como los humanistas del mundo están tratando de erradicar cualquier vestigio del cristianismo del sistema escolar, y que él tenía una verdadera oportunidad para echar fuera las potestades y principados de las mentes de los niños, por medio de mostrarles la verdadera historia de nuestra nación. El podía explicar el papel que la Biblia ha jugado cuando se trató de escribir nuestra constitución. El tenía la oportunidad de mostrar que los fundadores de nuestra nación eran cristianos devotos, y que Dios estaba activo en la fundación de nuestro país. Jay tenía una gran oportunidad para ayudar a sus alumnos a que pudieran entender las raíces espirituales de nuestra nación. A medida que yo le expliqué esto a Jay, él sonrió y se dio cuenta que su vocación, de hecho, era un verdadero llamamiento de parte de Dios.

Los humanistas del mundo son muy listos. Ellos saben que la manera de eliminar el cristianismo de nuestra sociedad, es por medio de comenzar a trabajar con nuestros niños. Los niños son como el barro. Cuando se comienza a trabajar con el barro, es muy fácil de moldear, pero a medida que el tiempo pasa, se endurece y resulta mucho más difícil darle forma. Por lo tanto, los humanistas del mundo van detrás de los niños. Ellos tratan de convencerlos de que Dios no existe. Ellos promueven las enseñanzas de la evolución natural excluyendo todo concepto de creación. Ellos han mal usado las palabras de nuestros padres fundadores, y las han hecho aparecer como si ellos fueran humanistas también. Ellos dan condones gratuitamente y le mienten a nuestros hijos por medio de decirles que el sexo es "seguro". Tal vez puede ser *un poco más* seguro, pero está muy lejos de ser realmente seguro. Ellos le dicen a nuestros hijos que no existen leyes morales, y que si se siente bien hacerlo, debes hacerlo—solo tienes que estar "a salvo o seguro" mientras que lo haces. Ellos les regalan libros a los muchachos que están por entrar a la adolescencia tales como *María Tiene Dos Mamás*. Ellos están tratando de lavarles el cerebro a nuestros niños para que comiencen a ver los estilos de vida pecaminosos como si fueran algo muy normal, y como si fueran un estilo de comportamiento muy aceptable.

Desafortunadamente, ellos parecen estar ganando terreno. De acuerdo al Grupo Barna, un estudio en el año de 2007 mostró que un grupo de muchachos entre los 16 y 29 años de edad son "más escépticos y más resistentes al cristianismo" que el mismo grupo demográfico de hace una década. Si no logramos cambiar el curso de esta oleada que se encuentra en el sistema escolar, la siguiente generación va a tener más potestades y principados demoniacos, lo cual la va a hacer más difícil para que éstos principados y potestades puedan ser echados fuera. No debemos encerrar los métodos de guerra espiritual en un solo molde. Es mucho más que solamente estar ordenando que las fuerzas de maldad se salgan de nuestra nación; incluye involucrarse y confrontar al enemigo en nuestras escuelas. Es tiempo para que los cristianos y creyentes devotos tomen el llamamiento para ser maestros, directores, y superintendentes en los diferentes distritos escolares. Es tiempo de que los padres cristianos se coloquen dentro de las mesas directivas de las escuelas. Es tiempo de que los creyentes luchen por los derechos que tienen los autores cristianos de tener los libros incluidos en las bibliotecas escolares y en los currículos de las universidades. No debemos tolerar más la discriminación en contra del cristianismo—si todos los operadores de cuija tienen sus libros en las bibliotecas, entonces los cristianos deberíamos tenerlos también.

Si no logramos cambiar el curso de esta oleada que se encuentra en el sistema escolar, la siguiente generación va a tener más potestades y principados demoniacos.

Como padres, ustedes tienen que involucrarse en la guerra espiritual, por medio de formar parte de los grupos PTA, y por medio de trabajar para ver que los hijos obtengan el tipo de educación honesta y moral que necesitan, para convertirse en el tipo de gente que Dios quiere que ellos sean.

6. Involucrándose en la política

Este tema muchas veces es visto como un tabú, pero esto no debería ser así. Los términos que son usados en la Biblia para las entidades malvadas son gobernadores, autoridades, y poderes (favor de ver Efesios 6:12). Todas estas palabras se derivan de términos gubernamentales. De hecho, el diablo fue llamado el Rey de Tiro (favor de ver Ezequiel 28:12) y el príncipe de Persia (favor de ver Daniel 10:20). No es ningún accidente que a los ángeles les sean dados términos políticos y militares. Su trabajo principalmente es entre líderes humanos que han hecho leyes o que están librando guerras.

El diablo odia el hecho cuando los verdaderos creyentes se involucran en los procesos políticos para hacer que se apliquen leyes justas y morales en la tierra. Las leyes afectan el comportamiento de la gente. Las leyes no pueden cambiar los corazones, pero pueden cambiar acciones, y por lo tanto, pueden mantener a la gente lejos de las ataduras pecaminosas.

Por ejemplo, en Holanda, las leyes son muy liberales—lo cual incluye la legalización del uso de algunos tipos de drogas y de la prostitución. No es ninguna coincidencia el hecho de que es una

El diablo odia el hecho cuando los verdaderos creyentes se involucran en los procesos políticos para hacer que se apliquen leyes justas y morales en la tierra.

batalla muy difícil, el poder penetrar esta sociedad con las buenas nuevas del Evangelio. La gente en ese lugar está tan segada por el pecado, que es muy difícil que ellos puedan ver la luz.

> *Y este es el juicio: que la luz vino al mundo, y los hombres amaron más las tinieblas que la luz, pues sus acciones eran malas. Porque todo el que hace lo malo odia la luz, y no viene a la luz para que sus acciones no sean expuestas.* (Juan 3:19–20)

De acuerdo a las Escrituras, el principio es bastante claro: mientras peores son las obras de las gentes, más difícil es que ellos puedan ser salvos. En una ciudad o en una nación que permite mucho comportamiento malvado, el corazón de las gentes se endurece con relación al Evangelio.

> *Entenebrecidos en su entendimiento, excluidos de la vida de Dios por causa de la ignorancia que hay en ellos, por la dureza de su corazón; y ellos, habiendo llegado a ser insensibles, se entregaron a la sensualidad para cometer con avidez toda clase de impurezas.* (Efesios 4:18–19)

Cuando todo tipo de prácticas pecaminosas son permitidas y se ponen a la disposición de todo el mundo, incluso siendo aplaudidas, la gente quedará atada por ellas, y lo único que ellos desean es más y más de todo ese pecado.

El Evangelio le pide a la gente que se arrepienta de todos sus pecados, pero debido a esa necesidad de arrepentimiento, muchos no están dispuestos a convertirse al cristianismo, debido a que ellos aman su pecado mucho más que a Dios. Es muy difícil poder alcanzar una ciudad que se encuentra tan profundamente entrelazada con la inmoralidad. Ellos *"amaron más las tinieblas que la luz"*. ¿Por qué? Porque *"sus obras eran malas"*.

La responsabilidad de un gobierno es declarada muy claramente en Romanos 13:4 que dice, *"Pues es para ti un ministro de Dios para bien. Pero si haces lo malo, teme; porque no en vano lleva la espada, pues ministro es de Dios, un vengador que castiga al que practica lo malo"*. El gobierno se desvía cada vez que ignora el llamamiento de la Biblia. Se convierte en un instrumento del diablo cuando castiga el bien y recompensa la maldad. Esto incluye, pero no se limita a las leyes con relación a los derechos de la aborto, los matrimonios del mismo sexo, las leyes de la zona de comercio que favorecen a los salones nocturnos de sexo, y a las restricciones para la expresión libre y pública de la religión. Aún las mesas directivas de las escuelas tienen control con relación a los libros de texto, los temarios, la educación sexual, y otro tipo de información que se presenta a los alumnos, quienes son muy susceptibles a ser impresionados.

Cuando los cristianos entran en oración al medio ambiente de la política y del gobierno, y en forma práctica a través de votar, participar en las campañas, ayudando al financiamiento de esto, o cuando van por puestos públicos, los ángeles caídos y los demonios se ponen a temblar. Ellos reconocen la importancia de hacer las leyes y de formar las políticas, y la forma como esto puede influenciar a la gente para que reaccionen ante el Evangelio.

Considera lo difícil que es poder penetrar con el Evangelio en el Medio Oriente—las leyes en esos lugares prohíben la conversión al cristianismo. El promedio de conversión en esos lugares es casi cero, debido a los castigos civiles que hacen que la gente tenga mucho miedo de convertirse al cristianismo.

Para poder romper el poder de las huestes de maldad en los lugares celestiales, los cristianos necesitan involucrarse en las tareas políticas y civiles.

7. Obedecer a Dios

> Y estando preparados para castigar toda desobediencia cuando vuestra obediencia sea completa.
>
> (2ª Corintios 10:6)

Este pasaje habla acerca de la guerra espiritual, y acerca de hacer cautivo cada pensamiento. Pablo le está recordando a la iglesia en Corinto acerca de la responsabilidad y autoridad de las leyes espirituales: mientras más responsable eres tú, más a autoridad te va a ser dada.

No debemos hacernos tontos a nosotros mismos tratando de pensar que podemos cambiar el mundo, siendo que ni siquiera podemos cambiarnos a nosotros mismos primero. Pablo lo pone muy claro: una vez que tu obediencia es completa, *entonces* tú estás listo para poder castigar todo acto de desobediencia. Vamos a tener la autoridad espiritual para poder hacer retroceder a las fuerzas de maldad, una vez que estemos obedeciendo a Dios.

Pablo le escribió a su amigo Timoteo, dándole un buen consejo acerca de quiénes debía ordenar como pastores: *"Debe gozar también de una buena reputación entre los de afuera de la iglesia, para que no caiga en descrédito y en el lazo del diablo"* (1ª Timoteo 3:7). El diablo pone trampas, especialmente para los líderes espirituales. Si él puede hacer que ellos se callen, entonces él puede traer desgracias sobre la vida de ellos. Como resultado de esto ellos van a perder su credibilidad, y va a ser muy difícil que ellos puedan influenciar a la comunidad. La gente tiene la tendencia a ignorar a los hombres y mujeres de Dios que se encuentran en la desgracia, ignorando cualquier cosa que ellos puedan decir. Pablo le recordó a Timoteo acerca de la importancia de mantener una conducta personal muy recta, cuando se trata de rescatar a la gente de las tinieblas.

No debemos hacernos tontos a nosotros mismos tratando de pensar que podemos cambiar el mundo, siendo que ni siquiera podemos cambiarnos a nosotros mismos primero.

Si estamos viviendo en tinieblas, ¿cómo vamos a poder rescatar a alguien? Cuando un general de las fuerzas armadas de Dios cae, los ángeles caídos tienen mucha mayor munición para poder esparcir sus mentiras, y se hace mucho más difícil poder persuadir a los incrédulos con relación a la necesidad que tienen de salvación, debido a la hipocresía que ellos pueden ver dentro de la iglesia. *"Porque el nombre de Dios es blasfemado entre los gentiles por causa de vosotros, tal como está escrito"* (Romanos 2:24).

Muy seguido, la peor parte que tiene que ver en la caída de un ministro, no es el pecado en sí mismo, sino la respuesta del cuerpo de Cristo. En muchos casos, el mundo no puede ver nuestro amor y nuestro perdón en práctica, sino todo lo contrario, lo único que ven es nuestra burla y nuestra venganza que son normalmente muy obvios.

Hace muchos años, cuando sucedió el pecado sexual de Jim Bakker y Jessica Hahn, y que esto salió a la luz, lo que la mayoría del mundo pudo testificar, fue la forma como otros ministros trataron con él. "El es un cáncer que necesita ser extirpado", dijo un ministro. Otros fueron muy prestos para burlarse y ridiculizar a un hermano débil, injuriado y lastimado. Algunos ministros incluso comenzaron a tratar de subastar en su intento de heredar la red de televisión PTL tan lucrativa de Bakker.

Yo creo que ese incidente tan doloroso hizo retroceder al Cuerpo de Cristo por un buen número de años. Si, el pecado fue lo primero a través de Jim Bakker. Si él no hubiera caído en la tentación, no hubiera habido lugar para qué el diablo pudiera traer sus acusaciones. El pecado, el orgullo, y la crueldad que siguieron a este incidente, sin embargo, le dieron a los ángeles caídos muchísimo material con el cual pudieron trabajar.

Cuando nos mantenemos firmes con integridad, mientras que otros están tratando de destruirnos, eso nos da la oportunidad de cambiar la forma como el mundo nos ve como cristianos.

Por el otro lado, cuando nos mantenemos firmes con integridad, mientras que otros están tratando de destruirnos, eso nos da la oportunidad de cambiar la forma como el mundo nos ve como cristianos.

Una vez más, debemos considerar a Daniel. Él fue probado por medio de una ley inmoral y muy injusta, que decía que si él no dejaba de orar a Dios, él iba a ser arrojado a la cueva de los leones. Sin embargo, Daniel desafío esta ley, y continuó realizando su rutina de oración con Dios. El recibió su castigo y fue echado en la cueva de los leones, pero Dios lo protegió, y él pudo salir de ahí sin un solo rasguño.

El rey Darío estaba tan lleno de gozo que el expidió este decreto:

> *De parte mía se proclama un decreto de que en todo el dominio de mi reino todos teman y tiemblen delante del Dios de Daniel, porque Él es el Dios viviente que permanece para siempre, y su reino no será destruido y su dominio durará para siempre.*
>
> (Daniel 6:26)

Este incidente proveyó una gran oportunidad para el evangelismo. La gente tuvo la oportunidad de poder examinar las declaraciones del judaísmo—que existe sólo un Dios—y todo esto debido a que hubo un hombre que se mantuvo firme con integridad, y que vivió en la manera en que Dios quería que este hombre viviera. Ningún principado o potestad de maldad espiritual pudo detener esto.

Nosotros podemos derrotar completamente a las fuerzas de maldad que se encuentran en los lugares celestiales durante todo el día y todo el tiempo. Podemos ordenarles que sean derribados. Podemos reprenderlos y decirles que se salgan de nuestras ciudades, pero son nuestros simples actos de obediencia lo que realmente va a infligir un verdadero daño en las fuerzas del diablo.

Capítulo once

El campo de batalla de la mente

Alguna vez has deseado romper algún mal hábito, sólo para llegar a sentir que no tenías la fuerza de voluntad suficiente para poder ganar la victoria? Aunque trataste muy fuerte, el pecado siguió jalándote hacia abajo con sentimientos mucho más profundos de culpa y de vergüenza. Hay ocasiones cuando tú sientes que estás haciendo un verdadero avance y crecimiento en tu caminar con Dios, y entonces—¡bam!—de repente llega una situación que te deja completamente inútil, y la opresión parece atraparte de nuevo. Tú pensaste que todas las cosas iban a cambiar. Una vez tú fuiste salvo, pero tu vida sigue siendo una batalla perdida. Aunque tú sabes en tu mente que tú eres una nueva creación, en tu corazón tú sientes que eres la misma vieja persona que solías ser. Entonces, tú escuchas acerca de la liberación espiritual, y decirles intentarlo. ¡Funcionó! Al principio, tú te sientes libre—la carga tan pesada fue levantada—pero lentamente, aquel pequeño secreto tan sucio regresa una y otra vez.

¿Cuál es el verdadero problema?

¿Acaso realmente habías sido liberado?

¿Acaso todos los demonios realmente se fueron?

La respuesta es muy simple: Tu mente es el campo de batalla, y el objetivo de los ataques del diablo, y desafortunadamente, tú nunca aprendiste como pelear este tipo de batalla.

Este fue el problema que tuvieron los israelitas cuando ellos salieron de Egipto. *"Hay once días de camino desde Horeb, por el camino del monte Seir, hasta Cades-barnea"* (Deuteronomio 1:2). Debes pensar acerca de esto: Un viaje de once días que nos lleva a una odisea de cuarenta años. Ello se perdieron, no porque no tuvieran un mapa bien claro—la Palabra de Dios les proveyó todas las direcciones que ellos necesitaban—sino porque ellos fallaron en *seguir las indicaciones* del mapa.

Yo no dudo que algunos de ustedes que están leyendo este libro debería estar mucho más avanzados en su caminar cristiano para este momento, pero en lugar de esto, ustedes siguen aferrandose a los viejos patrones de pensamiento y a los viejos caminos pecaminosos. Ustedes todavía están luchando con los mismos viejos pecados, las mismas viejas enfermedades, y los mismos viejos problemas.

Nosotros ya hemos podido descubrir que, antes de ser salvos, tu mente estaba cegada por el diablo.

> *En los cuales el dios de este mundo ha cegado el entendimiento de los incrédulos, para que no vean el resplandor del evangelio de la gloria de Cristo, que es la imagen de Dios.* (2ª Corintios 4:4)

Sin embargo, no debes de pensar, que debido a que el diablo falló en alejarle de ser salvo, que él va a abandonar la batalla por tu mente. El diablo trabaja en la mente de los santos, de la misma manera como él lo hace con los pecadores.

> *Pues aunque andamos en la carne, no luchamos*
> *según la carne; porque las armas de nuestra con-*
> *tienda no son carnales, sino poderosas en Dios*
> *para la destrucción de fortalezas; destruyendo*
> *especulaciones y todo razonamiento altivo que se*
> *levanta contra el conocimiento de Dios, y poniendo*
> *todo pensamiento en cautiverio a la obediencia de*
> *Cristo.*   (2ª Corintios 10:3–5)

El diablo trabaja en la mente de los santos, de la misma manera como él lo hace con los pecadores.

Nuestra zona de combate espiritual se encuentra en la mente, y es ahí donde debemos tomar cautivo cada pensamiento. Muchos van a poner sus problemas a los pies de los psíquicos o de los médicos brujos, diciendo "el puso un embrujo en mí, y este es mi problema". ¡Estás equivocado! Tu mente, la cual le tiene miedo a la maldición, es el problema—y no la maldición en sí misma. Algunos creyentes del grupo de híper liberación piensan que sus problemas existen porque no todos sus demonios fueron echados fuera durante la última sesión que tuvieron de liberación. ¡Están equivocados otra vez! En realidad, este tipo de creyentes nunca han sido establecidos en el conocimiento de su propia autoridad espiritual. Ellos nunca han actuado como hijos de Dios, sino al contrario, han actuado como bebés en Cristo, buscando que otros sean los que ganen la victoria que Cristo ya ha ganado por ellos.

El medio ambiente en el cual tú peleas al diablo no es el coliseo ni la arena de boxeo Madison Square Garden; es en "el domo de los pensamientos"—el lugar donde todo el razonamiento, las ideas, las opiniones, y las creencias ganan o pierden. La verdadera creencia o la verdadera fe en Dios va a crear la victoria duradera que tú estás deseando. Las creencias falsas o erróneas van a crear un medio ambiente perdedor que solamente te va a estar manteniendo en ataduras.

Las dos creaciones

"Pues como piensa dentro de sí, así es" (Proverbios 23:7). Tú eres la suma total de todos sus pensamientos. Tu vida es el resultado de los pensamientos que se procesan dentro de ti. Los pensamientos que yo tenga acerca de ti no van a hacer que tú seas la persona que tú eres; son solamente tus pensamientos los que crean el tipo de persona que tú eres.

El odio que algún hombre pueda tener de mí nunca va a llegar a destruirme. Sin embargo mi propio odio de mi mismo, puede llegar a hundirme. El prejuicio que otra persona pueda tener en contra mía nunca me va a impedir de poder llegar a tener éxito, pero mi propio rechazo de mi mismo si me va a obstaculizar para no poder lograr la prosperidad en mi vida. De la misma forma, el punto de vista del diablo no me puede derrotar, a menos que yo adopte su punto de vista para mi vida. Yo descubrí algo acerca de la creación: Dios primero pensó acerca de ello, y entonces Él lo creo. Igual que Dios, yo debo crear todo dos veces—primero en

El punto de vista del diablo no me puede afectar a menos que yo lo adopte para mí mismo.

mi mente, y después en mis acciones. La primera creación es la creación principal. Yo sólo voy a ser aquello que primeramente fue creado en mi mente. Mis acciones deben seguir a mis pensamientos. Esta es la razón de que Pedro dijo, *"Por tanto, ceñid vuestro entendimiento para la acción"* (1ª Pedro 1:13). La preparación es realmente como el tiempo de adiestramiento en un campo militar, donde tú nutres tu mente a través de alimentarla con la dieta correcta de fe, esperanza, y amor, y tú ejercitas todo esto por medio de actuar en la Palabra de Dios.

1. Tus pensamientos ejercen influencia sobre sus relaciones

"La gente no me quiere".

Si esta declaración se puede aplicar a tu vida, la razón puede deberse a la manera como tú piensas. Tú piensas de manera muy pobre acerca de ti mismo o acerca de los demás, y tú no te das cuenta la forma como esos pensamientos alejan a la gente de ti.

En su libro *El Favor, el Camino al Éxito*, Bob Buess cuenta la historia de una mujer que le escribió para decirle que tan mal estaban todas las cosas en su vida de ella. Ella era muy atractiva, pero no podía salir en ninguna cita romántica con ningún hombre. Ella tenía un espíritu muy negativo.

Bob le escribió a ella contestándole su carta, "Yo no les echo la culpa a ellos de que no les gustes. Yo me temo que tú a mí tampoco me gustarías". El escribió eso con la intención de sacudirla emocionalmente. Entonces, él la motivó para que cambiara la actitud que ella tenía hacia los demás y hacia ella misma. Él le envió varios pasajes de la Biblia que hablaban acerca del favor, y le dijo a ella que los confesara con relación a ella misma cada día. Esto funcionó. Ella le escribió nuevamente más tarde, para decirle, que de hecho, ella se encontraba comprometida para casarse.

Eventualmente, Bob llegó a conocerla, así como a su novio—que no era el mismo con el cual ella originalmente se había comprometido, sino otro diferente. Más tarde, ella llegó a casarse con este segundo hombre. Una vez que ella pudo cambiar sus pensamientos, esta mujer comenzó a mejorar todas sus relaciones.

2. Tus pensamientos generan tus circunstancias

"Lo que va a suceder, acabará sucediendo".

Este es el dicho de las personas que les gusta vivir como víctimas.

Dios nunca tuvo la intención que tú seas una víctima, sino un vencedor. Muchos cristianos se sienten inútiles con relación a las situaciones que están viviendo. Ellos fallan en darse cuenta que existe un tesoro de sabiduría y de poder dentro de ellos, y que ellos han fracasado en abrirlo.

Vanessa fue abusada sexualmente cuando era una niña. Ella era una mujer increíblemente hermosa, pero ella se sentía muy insegura acerca de ella misma. Ella tuvo que pasar a través de muchas cirugías plásticas, a fin de transformar su cuerpo en lo que ella pensó que los hombres deseaban—lo cual incluiría enormes implantes de senos. Éste sentido de inseguridad la llevó a tener relaciones con hombres que tendían a abusar de ella. Ella tenía expectativas de basura; y por lo tanto, ella recibió basura.

Afortunadamente, por medio de la invitación de un amigo, Vanessa comenzó a asistir a una iglesia que creía en un buen Dios. Ella se dio cuenta de que "inconscientemente" había estado creyendo que Dios era como uno de los hombres que habían pasado por su vida de ella—siempre enojados y continuamente humillandola. Ella pudo darse cuenta que Dios realmente la amaba y quería que ella tuviera una vida mucho mejor. Ella nunca más iba a volver a tolerar a ningún hombre abusivo. Ella hizo que le removieran los implantes que tenía en sus senos, y aprendió a apreciar la forma en que Dios la había hecho. Hoy en día, ella es una mujer de negocios muy exitosa, y se puede parar en sus propios pies y en el poder de Dios.

3. Tus pensamientos producen salud y prosperi dad financiera

"La salud divina es muy buena, si es que acaso Dios quiere que yo la tenga".

Éste puede sonar como una declaración muy humilde, pero no es una expresión de una fe valiente, llena de confianza—ni siquiera algo bíblico. La fe que es valiente, es como la fe que tuvo la mujer cananea, la que no se iba a rendir hasta que Cristo Jesús la sanara. En los ojos de la mayoría de la gente, ella se debió haber rendido inmediatamente después de que los discípulos la hicieron a un lado, pero ella siguió persistiendo. Jesús probó a esta mujer, incluso llamándola como si fuera una perra. Sin perder de vista su objetivo, ella le recordó a Jesús que aún los perros eran capaces de comer de las migajas que caían de la mesa. Jesús contestó, *"Oh mujer, grande es tu fe; que te suceda como deseas. Y su hija quedó sana desde aquel momento"* (Mateo 15:28). Es muy fácil sentir lástima por uno mismo, cuando estás en medio del dolor, pero sentir lástima por uno mismo nunca va a ser capaz de crear o generar fe.

Es muy fácil sentir lástima por uno mismo, cuando estás en medio del dolor, pero sentir lástima por uno mismo nunca va a ser capaz de crear o generar fe.

Un buen amigo mío llamado Juan, es un hombre de negocios muy exitoso y también es un ministro, pero si tú hubieras conocido la forma como él creció, nunca hubieras pensado que él iba a poder convertirse en un hombre tan rico como es. El creció en más de las partes más pobres de El Paso, Texas. Fue criado por una mamá soltera en un edificio de apartamentos, el cual los inspectores casi lo condenan a ser destruido, debido a una gran infestación de ratas que tenía, y Juan pensó que la pobreza era toda la fortuna que iba a poder gozar en esta vida.

Eventualmente, él fue salvo y comenzó a asistir a una iglesia llena del Espíritu Santo, pero su pastor no creía mucho en el hecho de que la gente de Dios pudiera tener el derecho de prosperar y poseer riquezas. La iglesia reflejó la filosofía de su pastor, y esto produjo una lucha constante con el dinero. No fue sino hasta que Juan se mudó a la ciudad de Phoenix, Arizona, que él pudo descubrir que Dios tenía un plan para prosperarlo. El pastor enseñó acerca de los pasos bíblicos para poder llegar a la libertad financiera y económica, y Juan absorbió todo el mensaje. El día de hoy, él es un hombre de negocios muy exitoso y es un autor de libros que ayudan a muchos otros para que puedan encontrar el camino a la abundancia. Juan dice que la clave se encuentra en la vida de tus pensamientos. Si piensas en la abundancia, entonces, la abundancia va a venir hacia ti.

4. Tus pensamientos conforman tu carácter

"No me va a hacer ningún daño mirar esta revista; sólo estoy mirando, pero no estoy tocando".

Estos son normalmente uno de los últimos pensamientos que tiene una persona justo antes de caer en la tentación y en el pecado. Si cedes el terreno en las cosas más pequeñas, esto normalmente te lleva a comprometerte en las cosas más grandes también. Los pensamientos son las semillas de la acción. La acción es la semilla del hábito. El hábito es la semilla del estilo de vida que cada uno tiene. El estilo de vida es la semilla de la vida de cada persona.

Darlene ha estado trabajando con varias relaciones en los últimos años, y aún hasta este día de hoy, ella le echa la culpa a los hombres por cada vez que ha tenido que romper con ellos. Ella nunca ha podido despertar a la realidad de que tal vez parte del problema se encuentra en ella misma. Cuando tú puedes ser testigo de la personalidad de Darlene, es muy obvio que ella tiene algunos serios problemas.

Cuando ella era joven, Darlene estuvo asistiendo a una iglesia muy conservadora, pero ella se rebeló en contra de la idea de permanecer en obediencia a Dios; al contrario, ella abrazó la idea de que ella era libre para poder hacer cualquier cosa que ella quisiera. Cuando llegó a la edad de catorce años, ella se encontraba sexualmente activa, y nunca bajó su ritmo tan acelerado de vida, brincando de una relación a la siguiente. La mayor parte del tiempo, ella estaba buscando por un "hombre viejo" que le pudiera proveer para todas sus necesidades económicas y financieras, y ocasionalmente, ella pudo engañar a varios hombres para que hicieran esto. Cuando ella no encontraba alguien que proveyera para ella, ella iba y encontraba algún trabajo—nunca nada permanente, y siempre eran trabajos que duraban por muy corto tiempo. Ella intentó ir a la universidad pero abandonó todo poco tiempo después de haberse inscrito.

Darlene admite que algunas veces ella quiere terminar con todo. Debido a que Darlene se encuentra en una completa oscuridad, ella no puede ver la luz. Sus pensamientos constantes de rebelión han creado la realidad tan incómoda en la cual ella está viviendo—y que es un estilo de vida muy infeliz y completamente frustrante.

Para que puedas realizar un cambio positivo y duradero en tu vida, tú tienes que cambiar la manera cómo piensas, y tienes que ganar la batalla por tu mente.

Capítulo doce

Siete maneras en que los cristianos ceden terreno al diablo

En los deportes, el equipo de casa siempre tiene una grande ventaja. Tener que viajar al terreno de juego del equipo adversario hace mucho más difícil poder obtener una victoria. Lo mismo es verdadero para tu mente. Hay diferentes tipos de estados mentales que forman un terreno de caza muy cómodo para el diablo. Voy a enlistar siete estados mentales que ponen al creyente en una posición de desventaja.

1. La mente de que no ha sido convertida

Sea que lo creas o no, es posible ser salvo sin que de hecho, tu mente haya sido convertida verdaderamente. La salvación es llamada "nacer de nuevo". Jesús enseñó que es tú "espíritu" el que es regenerado, y no tu cuerpo, ni tu mente.

> *En verdad, en verdad te digo que el que no nace de agua y del Espíritu no puede entrar en el reino de Dios. Lo que es nacido de la carne, carne es, y lo que es nacido del Espíritu, espíritu es. No te asombres de que te haya dicho: "Os es necesario nacer de nuevo".* (Juan 3:5–7)

La experiencia de nacer otra vez no necesariamente consiste en una experiencia emocional o física; principalmente es una experiencia espiritual. Es el nuevo nacimiento del espíritu humano. *"El nos salvó, no por obras de justicia que nosotros hubiéramos hecho, sino conforme a su misericordia, por medio del lavamiento de la regeneración y de la renovación por el Espíritu Santo"* (Tito 3:5). El Espíritu Santo da nacimiento sólo al espíritu, y no a la carne.

El Espíritu Santo da nacimiento sólo al espíritu, y no a la carne.

Para poder recibir el nuevo nacimiento, tú te tienes que arrepentir. La palabra griega para esto es *metanoco* que significa "cambiar su forma de pensar". No puedes ser convertido sin cambiar la forma como tú piensas acerca de las declaraciones básicas de Cristo Jesús. Una vez que tú Lo aceptas y Lo haces el Señor y Salvador de tu vida, tú eres salvo. Sin embargo tú no tienes necesariamente que cambiar por completo tu mente en ese momento, para poder llegar a ser salvo. Se necesita un mínimo de cambio en tu mente para que puedas ser salvo.

Una vez que tú has llegado a ser salvo, el diablo ha fallado en apartarte de buscar la luz *"del evangelio de la gloria de Cristo Jesús"* (2ª Corintios 4:4), pero él muy frecuentemente tiene éxito en impedirte para que no veas la luz del Evangelio de las enseñanzas de Cristo Jesús. Es muy posible no llegar a entender completamente, o ni siquiera aceptar todas las enseñanzas de Cristo Jesús a través de los evangelios, las epístolas, y la iluminación del Espíritu Santo con relación a las Escrituras del Antiguo Testamento.

Es la ignorancia de las Escrituras, o el rechazo voluntario a someterse a las Escrituras, lo que le da al diablo la oportunidad de parar el fruto de tu salvación. Él no pudo tener éxito en impedir que la raíz fuera plantada, pero muy frecuentemente él es excelente en impedir que el árbol pueda crecer y dar fruto.

La única manera de poder experimentar la victoria en la mente, es renovarla de la misma forma como renovaste tu espíritu. *"Y no os adaptéis a este mundo, sino transformaos mediante la renovación de vuestra mente"* (Romanos 12:2). El diablo, que es el dios de este siglo, desea que tu estilo de vida sea igual, o que imite el estilo de vida del mundo; la única manera como él puede ser derrotado, es por medio de que el creyente renueve su mente con el conocimiento y la sabiduría de Cristo Jesús. Mientras tanto el creyente continúe con las mismas filosofías, ideologías, valores morales, y preferencias del mundo en contra de lo sobrenatural, él va a seguir manteniendo esa lucha en su mente. La mente que piensa en forma equivocada va a causar que la persona actúe en forma equivocada.

2. La mente contaminada

Un creyente puede saber los pensamientos que él debe pensar, pero muy frecuentemente lo que él conoce no es igual a lo que él hace—como dice el viejo dicho, "si lo que entra es la basura, lo que sale va a ser basura". Si tú sigues alimentando tu mente con basura, va a seguir produciendo basura. Tú no puedes estar alimentando tu mente con basura, y esperar a tener una vida completamente limpia. No funciona de esa manera.

El diablo ama que los creyentes se pongan a ver y a mirar todo tipo de basura. Ninguna cantidad de liberación te va a ayudar si tú sigues viendo todas esas cosas malvadas. Necesitamos hacer un pacto similar al pacto que hizo Job: *"Hice un pacto con mis ojos, ¿cómo podía entonces mirar a una virgen?"* (Job 31:1). Un pacto siempre se sella con sangre. Esto nos habla del sacrificio.

Tú no puedes estar alimentando tu mente con basura, y esperar a tener una vida completamente limpia. No funciona de esa manera.

Es un sacrificio el hecho de evitar estar viendo con ojos llenos de deseo a una mujer que es muy hermosa o a un hombre que es muy guapo. No es posible evitar el poder notar la belleza alrededor de nosotros, pero este pasaje no trata acerca de evitar mirar la belleza—es acerca de evitar *la lujuria*. Los pensamientos lujuriosos son un terreno muy fértil que dan lugar a los espíritus malignos.

3. La mente dudosa

> *Pero que pida con fe, sin dudar; porque el que duda es semejante a la ola del mar, impulsada por el viento y echada de una parte a otra. No piense, pues, ese hombre, que recibirá cosa alguna del Señor, siendo hombre de doble ánimo, inestable en todos sus caminos.* (Santiago 1:6–8)

El Señor no aprecia cuando Sus hijos no creen en Él. Cuando Dios nos dice que hagamos algo o que confiemos en algo, y le desobedecemos, estamos abriendo la puerta para que el diablo siga bombardeando nuestros pensamientos con todo tipo de confusión.

Un ministro que era socio de nuestro ministerio, siguió enviando donaciones a nuestro ministerio, y entonces él nos escribió diciendo que no estaba de acuerdo con nuestras enseñanzas. Entonces, él volvió a escribir nuevamente y mandó más dinero, disculpándose por la carta anterior que él había enviado. Después, el escribió nuevamente, diciendo que había cometido un error al darnos dinero, porque él no creía en lo que nosotros predicamos. Este es el tipo de persona que el diablo ama; porque es *"inestable en todos sus caminos"*.

Primero, él escuchó la Palabra de Dios, pero después escuchó los argumentos teológicos sin fruto alguno, los cuales lo confundieron con relación a la veracidad de los dones del Espíritu Santo—las lenguas, la sanidades, los milagros y la profecía. Este creyente necesitaba cerrar sus oídos a todos aquellos ministros que no tienen un ministerio sobrenatural. Yo no quiero ser sectarista, pero yo creo que un ministerio sobrenatural—que tiene señales y milagros—da prueba suficiente de que cuenta con el apoyo del Espíritu Santo. Muchos creyentes, igual que el creyente que mencioné, son desviados muy fácilmente por muchos de estos llamados pseudo maestros de la Biblia, siendo que muchos de estos maestros no tienen, ni cuentan con ministerios de milagros.

Parte de la armadura que debemos ponernos es el escudo de la fe (favor de ver Efesios 6:16); sin embargo, si nuestra fe es débil, estamos siendo presa de los ataques del diablo.

Debes estar seguro de que en tu mente tú crees claramente en la Palabra de Dios.

4. La mente herética

Siempre van a existir diferencias menores de interpretación con relación a varios pasajes de las Escrituras; sin embargo existe una clara diferencia entre los desacuerdos respetuosos y las doctrinas heréticas.

Pero se levantaron falsos profetas entre el pueblo, así como habrá también falsos maestros entre vosotros, los cuales encubiertamente introducirán herejías destructoras, negando incluso al Señor que los compró, trayendo sobre sí una destrucción repentina. (2ª Pedro 2:1)

La herejía es *destructiva*. La palabra *destruir* significa "arruinar, lo cual incluye una pérdida física, espiritual, o eterna". Cualquier tipo de enseñanza que arruina la vida de las gentes, o que les causa perder su vida física, su caminar espiritual con Dios, o incluso su propia salvación, es una herejía.

La herejía normalmente comienza con un líder dominante que siente que es alguien muy especial. El hecho de estar en desacuerdo con esta persona es estar en desacuerdo con Dios. El es un señor que cuenta con todo el señorío sobre el rebaño, y no un pastor. El comienza por medio de aislar a los discípulos del resto de la iglesia universal. El es capaz de introducir más enseñanzas herejes, debido a que sus seguidores se encuentran tan aislados.

No es ninguna casualidad que este tipo de grupos eventualmente se conviertan en un culto. Los miembros de este culto son blancos fáciles para los ataques del diablo. El trabaja más profundamente en la mente de ellos, convenciéndolos de hacer cosas que son en contra del cristianismo, tales como almacenar armas, abandonar las ciudades, romper todo tipo de comunicaciones con sus parientes y amigos. Este tipo de comportamiento puede llevar a la gente a que se hagan daño a sí mismos. Yo he visto este tipo de escenario que ha sucedido en Estados Unidos y alrededor del mundo, entre diferentes tipos de cultos que llegan a cometer suicidios en masa.

Si alguna vez tú estuviste involucrado a en algún tipo de cultos, es muy importante que tú renuncies al líder y a todas sus enseñanzas.

Una persona que ha podido dejar este tipo de cultos, va a necesitar rechazar cada una de las falsas enseñanzas que alguna vez llegó a aceptar. Yo he tenido muchas dificultades con algunas personas que fueron miembros de alguno de estos cultos, porque todavía se aferran a algunas de estas enseñanzas, probablemente debido a la seguridad emocional que sienten, al relacionarse con algunas de sus antiguas prácticas y enseñanzas. Si alguna vez tú te encontraste involucrado en uno de estos cultos, no importa qué tan inofensivo tú creas que era, es muy importante que tú renuncies al líder de ese culto y a todas sus enseñanzas. Es muy importante que tú comiences de nuevo completamente fresco con el Evangelio de Cristo Jesús.

5. La mente ingenua o inocente

Amados, no creáis a todo espíritu, sino probad los espíritus para ver si son de Dios, porque muchos falsos profetas han salido al mundo. (1ª Juan 4:1)

Algunos cristianos simplemente son muy crédulos cuando alguien aparenta ser espiritual, y despliega todo un acto místico, y finge que está escuchando a Dios, y algunos cristianos muy inocentes comienzan a creer en este tipo de personas.

Escuché la historia de un evangelista que en forma clandestina colocó plumas en la gente mientras que ella estaba predicando. Entonces, alguien gritó, "Dios mío, ¡el Espíritu Santo está en este lugar! ¡Aquí está una de sus plumas!" Muy tristemente, algunos creyentes motivaron a otros para que asistieran a esas reuniones debido a este mal llamado milagro.

Otra área de ingenuidad es cuando algunos "exorcistas" controlan a sus sujetos por medio de convencerlos de que todavía hay demonios que necesitan ser echados fuera de ellos—en esperanza de tener muchas otras sesiones de liberación adicionales a esta. Yo he podido hablar con muchos santos muy sinceros, quienes han estado en ataduras debido a este tipo de fraudes. Normalmente ellos han atravesado por muchas sesiones de liberación, y luego vienen a preguntarme cuándo es que finalmente van a poder ser liberados.

Estos creadores de ataduras y sus clientes fueron descritos por el apóstol Pablo en su segunda carta a Timoteo:

Porque entre ellos están los que se meten en las casas y llevan cautivas a mujercillas cargadas de pecados, llevadas por diversas pasiones, siempre aprendiendo, pero que nunca pueden llegar al pleno conocimiento de la verdad.

(2ª Timoteo 3:6–7)

No sólo son las mujeres las que son impresionadas por este tipo de "gusanos", sino los hombres también son impresionados de la misma manera. Pablo los llamó gentes de voluntad muy débil. Esto significa que ellos ponen más confianza en las habilidades que otras personas muestran de conocer a Dios, que en la propia habilidad que ellos tienen. Dios no quiere que tú pongas toda tu confianza en nadie sino en Él Mismo.

6. La mente pasiva

Algunos cristianos tienen puntos de vista muy extraños con relación a escuchar la voz de Dios. Ellos de hecho creen que la forma como uno escucha la voz de Dios es poniendo la mente completamente en blanco, y esperando que alguna fuerza externa active sus pensamientos. Esta no es la manera bíblica de poder escuchar a Dios.

Hemos sido llamados a pensar y a meditar continuamente en la Palabra de Dios, tal y como Pablo lo dice en su carta a los Filipenses:

Por lo demás, hermanos, todo lo que es verdadero, todo lo digno, todo lo justo, todo lo puro, todo lo amable, todo lo honorable, si hay alguna virtud o algo que merece elogio, en esto medita. Lo que también habéis aprendido y recibido y oído y visto en mí, esto practicad, y el Dios de paz estará con vosotros. (Filipenses 4:8–9)

La voz de Dios suena como paz— es una paz que viene después de estar pensando profundamente acerca de asuntos espirituales, y no es una paz que llega por medio de vaciar nuestras mentes. Algunos de los más grandes mensajes que Dios me ha hablado, han llegado después de que estuve pensando profundamente acerca de alguna cosa.

La voz de Dios suena como paz—es una paz que viene después de estar pensando profundamente acerca de asuntos espirituales, y no es una paz que llega por medio de vaciar nuestras mentes.

Yo también he podido notar que aquellos que tienen que luchar mucho por ganar la batalla de su mente, muy frecuentemente parece que tienen mentes muy débiles. Sabemos que el cuerpo se fortalece por medio del ejercicio, y por medio de alimentarlo con comida adecuada. En forma muy similar, el espíritu se fortalece por medio de alimentarlo con una buena dieta espiritual, y por medio de ejercitarlo con la Palabra de Dios. De la misma forma como el cuerpo y el espíritu se pueden fortalecer, la mente también puede fortalecerse por medio del ejercicio. Mientras más fuerte sea tu mente, es menos probable que el enemigo pueda ganarla.

Existen tres ejercicios mentales básicos que yo sugiero para fortalecer la mente.

Concentración

Es muy asombroso la forma como mucha gente simplemente no pone atención cuando otras personas están hablándoles. La mayoría de la gente finge mucho cuando la otra persona está hablando, pero realidad ellos están pensando en lo que van a hacer inmediatamente después que se acabe esa conversación. Cuando estás escuchando sermones, o cuando estás leyendo la Biblia, tú necesitas aprender a concentrarse.

Lectura

Dios escogió libros como los primeros medios para grabar oficialmente Su Palabra. El no esperó hasta que pudiéramos tener grabadoras de audio o de video; al contrario, él habló durante un tiempo cuando la gente lo único que podían hacer era escribir lo que Dios decía. Yo creo que la televisión con sus programas, y las películas han debilitado la mente de la humanidad. No se requiere de mucho esfuerzo para observar algo entretenido. Es un ejercicio sumamente fácil. Un ejercicio mental que requiere mucho mayor esfuerzo es leer y yo he podido notar que la gente que lee mucho parece tener menores problemas con su mente, que la gente que ha optado por el entretenimiento pasivo, adormecedor de la televisión.

Memorización

Continuamente Dios nos motiva para que nosotros *recordemos*. Es asombrosa la forma como nos hemos convertido en personas tan dependientes en la tecnología, al grado que ya no tenemos que recordar las cosas. Nuestros teléfonos tienen la opción de marcar los números automáticamente. Nuestros teléfonos celulares nos dan los nombres de un directorio completo y llaman a esas personas directamente. Ya no tenemos que conocer los números de nuestros contactos. Usamos calculadoras para hacer las ecuaciones matemáticas mucho más simples. Compramos libros que han sido grabados en discos, en lugar de tener que leer las palabras en la página. Al final, yo temo en nuestras mentes se están debilitando debido a la tan famosa llamada comodidad.

7. La mente natural

> *Pero el hombre natural no acepta las cosas del Espíritu de Dios, porque para él son necedad; y no las puede entender, porque se disciernen espiritualmente.* (1ª Corintios 2:14)

El *"hombre natural"* (o persona natural) no puede aceptar las cosas del Espíritu Santo porque simplemente no las puede ver. Él o ella cree solo en aquello que puede ver, tocar, oler, escuchar, y probar. Su fe se encuentra limitada a los cinco sentidos.

Hay muchos cristianos que se parecen al *"hombre natural"* y luchan en contra de todo lo que es sobrenatural. Sin embargo, cuando realmente piensas en esto, el cristianismo es una religión milagrosa. Los profetas predijeron la venida de Cristo Jesús; Jesús fue nacido de una virgen; Jesús realizó todo tipo de milagros; el sacrificio de Jesús fue un milagro debido a nuestros pecados—lo cual a veces no podemos ver—pero todos ellos fueron cargados sobre de Él. Jesús resucitó y ascendió al cielo en cuerpo, espíritu, y alma. Entonces, además de todo esto, el Espíritu Santo envistió a

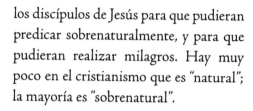

Existen en el cristianismo muy pocas cosas que son "naturales"; la mayoría en el cristianismo es "sobrenatural".

los discípulos de Jesús para que pudieran predicar sobrenaturalmente, y para que pudieran realizar milagros. Hay muy poco en el cristianismo que es "natural"; la mayoría es "sobrenatural".

Sin embargo, una larga cantidad de personas en el cuerpo de Cristo quieren negar los elementos sobrenaturales de la fe, y esto es exactamente lo que el diablo quiere. El es un ser sobrenatural que trabaja sobrenaturalmente para engañar, y para controlar a la gente. La única cosa que lo puede detener es el poder sobrenatural de Dios. Las iglesias y las naciones que están experimentando los más grandes avivamientos, son aquellas que se están moviendo en el poder sobrenatural de Dios.

El diablo se deleita en las tradiciones hechas por los hombres, que niegan los dones sobrenaturales del Espíritu Santo. Una de las pérdidas más grandes que es el resultado de esta doctrina negadora de lo sobrenatural, es el poder de la liberación. El diablo se deleita en una iglesia que no cree o que no participa en echar fuera demonios. Una doctrina tan limitada como esta protege a los demonios del poder de Dios. No te involucres en la doctrina de una iglesia que niega cualquiera de los dones espirituales.

Capítulo trece

Por qué caen las gentes cristianas

Es un error fundamental el hecho de subestimar a tu oponente. Tal y como ya deberíamos saber ahora, el diablo es muy listo. El no sólo trabaja en gente que no creen en Dios, y que no son religiosos, pero también trabaja en creyentes que son sinceros y que tienen una devoción muy fuerte hacia Cristo Jesús.

Existe una mala interpretación con relación a que sólo los cristianos tibios e impuros pueden ser desviados por el diablo. Cuando vemos que un creyente cae ante las mentiras y las tentaciones, muy frecuentemente asumimos que le falta conocimiento espiritual o fervor, para poder vencer los engaños del diablo. El apóstol Pablo habla acerca de esto en forma muy diferente.

> *Existe el mal entendido de que sólo los cristianos tibios y pecaminosos pueden ser desviados por el diablo.*

> *Pero temo que, así como la serpiente con su astucia engañó a Eva, vuestras mentes sean desviadas de la sencillez y pureza de la devoción a Cristo.*
>
> (2ª Corintios 11:3)

Pablo temía que el diablo pudiera desviar a los creyentes más dedicados. Por favor, debes considerar como se encuentra el panorama actualmente en el cuerpo de Cristo, sobresaturado con creyentes heridos—muchos de los cuales son creyentes muy fuertes, o incluso ministros de tiempo completo en algunas de esas mega iglesias. Esto debería sonar las alarmas, con relación a la habilidad que tiene el diablo para engañar aún a los más leales de todos los santos.

Pablo le recordó a la iglesia en Corinto acerca de Eva. Ella fue engañada. Ella era una inocente que nunca había pensado en hacer nada malo. No había nada equivocado o erróneo acerca de su personalidad o de su carácter. Ella estaba mucho más cerca de Dios de lo que nosotros estamos, pero sin embargo, Pablo le recordó a la iglesia que ella fue engañada. Si esto le pudo suceder a ella—en el estado de inocencia y de devoción en que se encontraba—eso quiere decir que nos puede suceder a cualquiera de nosotros.

Grandes cantidades de creyentes han caído presa del diablo. El enorme listado de cosas que hacen tropezar a los cristianos es larguísimo, y desafortunadamente no está completo:

- Pecados sexuales (adulterio, fornicación, pornografía, homosexualidad, pedofilia)
- Abuso de alcohol y de drogas
- Codicia (crímenes financieros)
- Abuso y control
- Mundanalidad
- Adicción a las apuestas
- Divisiones en la iglesia

+ Herejías

+ Orgullo

+ Amargura

+ Divorcio

Yo supongo que el divorcio tipifica más que cualquier otro tipo de fallas, el shock que representa el hecho de caer. Una pareja se enamora perdidamente y se declaran sus votos el uno al otro delante de Dios. El amor se puede leer en los ojos de cada uno de ellos. No existe ni un solo pensamiento de traición en el corazón de ninguno de los dos; están tan enamorados, que no pueden sospechar que algo pueda echarse a perder en esta relación. ¿Acaso van a perder el amor que tienen el uno por el otro? ¡NUNCA!

Sin embargo, muchas parejas como la que estamos describiendo, muy frecuentemente tienen que encarar la tragedia de la pérdida del amor, y el daño tan grande que esto les produce a cada uno. ¿Cómo es que esto llega a suceder? El enemigo es muy sutil y muy listo.

Lo mismo nos puede suceder con respecto a nuestra relación con Dios. En el principio, nos sentimos tan agradecidos hacia Dios por nuestra salvación. Parece que mientras más hemos sido perdonados, es mucho más lo que amamos. No podemos imaginarnos siquiera el hecho de traicionar al Señor Jesús a través de nuestras acciones, pero algunos de estos mismos cristianos tan celosos, más tarde llegaron a encontrarse ellos mismos atrapados más allá de varias capas de pecado horroroso, hiriente, preguntándose cómo es que llegaron hasta allá.

Debido a que todos somos susceptibles a caer en pecado frecuentemente, Pablo nos advirtió de que no debemos ser extremadamente duros:

> *Hermanos, aun si alguno es sorprendido en alguna falta, vosotros que sois espirituales, restauradlo en un espíritu de mansedumbre, mirándote a ti mismo, no sea que tú también seas tentado.*
>
> (Gálatas 6:1)

El "súper" santo se va a ofender muy fácilmente con una declaración de este tipo: "*mirándote a ti mismo, no sea que tú también seas tentado*". ¿Cómo es posible que alguien que es *tan espiritual* sea capaz de caer? Cualquiera puede caer, si no cuida de su vida espiritual en forma muy cuidadosa.

Pablo dio otra advertencia a todos los santos: "*Por tanto, el que cree que está firme, tenga cuidado, no sea que caiga*" (1ª Corintios 10:12). Yo me permito hacer esta pregunta: ¿Acaso tú sientes que estás muy firmemente parado? Espero que así sea, pero aún si eso es lo que sientes, tú debes tener mucho cuidado para que no caigas.

Jesús advirtió a los santos de los últimos días, que "*Y debido al aumento de la iniquidad, el amor de muchos se enfriará*" (Mateo 24:12). ¿Acaso esto te asombra? No sólo el amor *de algunos*—eso ya sería bastante malo—sino que es el amor *de muchos*, o sea la mayoría.

Pablo describe los últimos días en forma muy detallada:

> *Pero debes saber esto: que en los últimos días vendrán tiempos difíciles. Porque los hombres serán amadores de sí mismos, avaros, jactanciosos,*

soberbios, blasfemos, desobedientes a los padres, ingratos, irreverentes, sin amor, implacables, calumniadores, desenfrenados, salvajes, aborrecedores de lo bueno, traidores, impetuosos, envanecidos, amadores de los placeres en vez de amadores de Dios; teniendo apariencia de piedad, pero habiendo negado su poder; a los tales evita.

(2ª Timoteo 3:1–5)

La palabra *difíciles*, es la palabra donde tenemos que poner toda nuestra atención. Significa "peligroso". Algunos trabajos son muy peligrosos. Un bombero que entra a un edificio en llamas está arriesgando su vida. La idea de peligro es muy simple: cualquier error puede costarte tu vida. Es una cosa que un bombero entre en la seguridad de su propio hogar, y otra cosa muy diferente que el entre en un edificio que está siendo consumida en llamas. Obviamente, él debe ser mucho más cauteloso y vigilante cuando entra al edificio que está siendo consumido en llamas.

En el pasado, el mundo no era tan peligroso como lo es hoy en día. La pornografía, que está alimentando los deseos lujuriosos de la gente y los apetitos sexuales de todo el mundo, se encuentra disponible gratuitamente, sólo por medio de oprimir un botón. El divorcio, que en alguna ocasión era un acto de burla, pero ahora no es así, y se obtiene muy fácilmente, e incluso, se ha convertido en algo muy popular. Las religiones falsas no se esparcían tanto anteriormente. El hábito de las apuestas se encontraba aislado sólo para ciertos estados aquí en este país, y existía en forma subterránea, jamás podía ser encontrado en la Internet, y era sancionado fuertemente por el gobierno. El crimen parecía algo raro y que había sido removido lejanamente, pero hoy en día, por primera vez en la historia, uno de cada 100 americanos se encuentra en la cárcel.

Debemos darnos cuenta que el mundo en donde vivimos es como un edificio en llamas—los peligros del pecado se encuentran alrededor de nosotros.

De la misma manera que el bombero, nosotros debemos darnos cuenta que el mundo en el que vivimos es como un edificio que está siendo consumido en llamas; los peligros del pecado están por todos lados rodeándonos. No podemos tomar un punto de vista relajado. A través de los años, yo he podido aconsejar a muchos creyentes muy maduros. A continuación te doy algunas de las herramientas que el diablo usa para seducir a los cristianos maduros.

1. Emboscados por medio de un ataque repenti no de la tentación o de las pruebas

"Hermanos, si alguno es sorprendido en alguna falta..." (Gálatas 6:1). Pablo comienza este versículo por medio de describir a un creyente que no se está revelando en contra de Dios voluntaria y rebelde mente, sino que ha sido *"sorprendido en una falta* [un pecado]*"*, como cuando un oso hambriento es sorprendido en una trampa. La palabra *"sorprendido"* se deriva de la raíz griega *prolambano*, que quiere decir "agarrar a un individuo por sorpresa"—de repente, sin aviso alguno, antes de que él pueda darse cuenta de lo que está sucediendo.

La versión antigua de la Satan Biblia traduce esta palabra como "ser superado por la fuerza". Se le ha sorprendido
y ha sido superado por la fuerza, como lo sería la víctima de
un rapto. En casos como éstos, tú no le echas la culpa a la
víctima por haber sido raptada; no es su culpa. Santiago describió al creyente como uno que "*Sino que cada uno es tentado cuando es llevado y seducido por su propia pasión. Después,
cuando la pasión ha concebido, da a luz el pecado; y cuando el
pecado es consumado, engendra la muerte*" (Santiago 1:14–15).
Esto sugiere que el creyente ha sido "*llevado y seducido*" en
contra de su voluntad.

Es muy fácil asumir que un creyente caído es alguien
que ha pecado "voluntariamente" en contra de Dios; sin embargo, el panorama bíblico muestra a una persona que desea profundamente obedecer a Dios, pero ha sido superado
por medio del engaño de la tentación y de las pruebas. Muy
pronto todo esto se convierte en mucho más de lo que él
puede manejar, y por lo tanto, el cae.

El diablo juega con nuestras debilidades—ya sea que se trate de un deseo
de ser aceptado, el temor de no poseer
nada, de un sentimiento de traición—
cualquier eslabón que parezca estar débil o vulnerable en nuestra personalidad
puede ser atacado o usado para tomar
ventaja de él. Por eso es que Pablo estuvo rogando por los cristianos caídos,
pidiéndole a la iglesia que "*restauradlo en
un el espíritu de mansedumbre*" (Gálatas
6:1). Ese cristiano ya se encuentra débil

*El diablo va
a jugar con
cualquier
punto débil
que encuentre
en nuestras
personalidades
que pueda
ser atacado o
explotado.*

210 :～ *El Diablo, los Demonios y la Guerra Espiritual*

y golpeado, y no necesita que nadie le apunte con los dedos, y tampoco necesita acusaciones con relación a su desobediencia voluntaria en este momento.

No me malentiendan. La persona que cae de todas maneras tiene la culpa por haber sido atrapada en el pecado. Sin embargo, la culpa no es tanto caer en la tentación como lo fue el fallar en mirarse o vigilarse asimismo (favor de ver Gálatas 6:1). Ésa persona debía haber reconocido ciertos puntos débiles en su personalidad, pero en lugar de hacer eso, él o ella se puso en una posición de sucumbir ante la tentación.

Es el ex adicto a las drogas quien comienza a llevarse y andar alrededor de los viejos amigos, o el hombre de mediana edad que encara el temor de llegar a viejo, y desarrolla una relación muy cercana con una muchacha joven, o es la mujer que tiene problemas financieros y que desesperadamente trata de jugar con su suerte por medio de apostar en diferentes juegos de azar. Antes de que alguno de éstos se puedan dar cuenta, están tomando pastillas, están cometiendo adulterio, o han caído en la bancarrota perdiendo las pocas propiedades que les quedaban. He visto cómo esto sucede una y otra vez.

2. Humillados por pruebas muy difíciles, inme diatamente después de haber tenido una ex periencia espiritual asombrosa con Dios

Cuando un creyente cae, normalmente nos ponemos a suponer que se encontraba en un lugar muy bajo en su caminar espiritual. Sin embargo, esto no siempre es cierto. Debes considerar al profeta Elías. Acababa de ocurrir un milagro increíble como resultado de sus oraciones, siendo que Dios había mandado fuego sobre el sacrificio que incluso el profeta había mojado con agua. (Favor de ver 1ª Reyes 18). Este tremendo acontecimiento trajo una reforma para todo el pueblo de Israel, y humilló a los profetas de Baal. El pueblo de Israel estaba listo para escuchar lo que el profeta Elías tenía que decir y cambiar sus caminos. Dios perdonó a la nación y envió la lluvia que tanto necesitaban para sus cosechas.

Elías se encontraba en la cúspide espiritualmente, tal y como su ministerio estaba comenzando a florecer, y en medio de todo esto, él recibió palabra de que Jezabel la reina, no se encontraba nada contenta con lo que él había hecho.

> *Entonces Jezabel envió un mensajero a Elías, diciendo: "Así me hagan los dioses y aun me añadan, si mañana a estas horas yo no he puesto tu vida como la vida de uno de ellos".* (1ª Reyes 19:2)

Después de todo lo que había sucedido, Elías probablemente debería haber ignorado las amenazas de Jezabel, pero al contrario, *"El tuvo miedo, y se levantó y se fue para salvar su vida; y vino a Beerseba de Judá y dejó allí a su criado"* (versículo 3). El cayó debajo de un árbol, y no sólo se encontraba lleno de miedo, sino que también estaba lleno de culpa con relación a la falta de valor que estaba sintiendo. *"Basta ya, SEÑOR, toma mi vida porque yo no soy mejor que mis padres"* (versículo 4).

¿Cómo es que un hombre puede caer tan profundamente en la depresión, y comenzar a huir del llamamiento que recibió de Dios? ¿Acaso Dios no realizó grandes milagros en respuesta a las oraciones de Elías? ¿Acaso no se arrepintió todo el pueblo de Israel? ¿Acaso Dios no mandó bendiciones y la lluvia que tanto necesitaban? ¿Cómo es que Elías no pudo pasar esta prueba después de todo lo que él ya había experimentado?

Muy frecuentemente el diablo trae grandes pruebas inmediamante después de haber tenido un grande triunfo.

Muy frecuentemente el diablo trae grandes pruebas inmediatamente después de haber tenido un grande triunfo, porque él sabe lo peligroso que eres para sus planes, si él te deja libre y sin ser atacado justo después de haber tenido una gran victoria, y este tipo de pruebas muy frecuentemente desaniman al creyente hasta el grado que llega a sucumbir totalmente. Esto es lo que le sucedió a Elías.

El diablo también intentó hacer esto con Jesús. Jesús había sido bautizado por Juan, y el Espíritu Santo cayó sobre Él con un gran poder. Dios el Padre había testificado en voz alta diciendo que tan agradado estaba con relación a Su Hijo. (Favor deber Mateo 3:17). Inmediatamente después de esto, Jesús fue tentado por el diablo. (Favor de ver Mateo 4:1). La tentación y las pruebas muy frecuentemente van a seguir a las grandes experiencias que has tenido con Dios.

A medida que yo veo retrospectivamente en mi vida, mis más grandes tentaciones y pruebas en ocasiones han venido después de haber tenido tiempos de grande revelación y algunas de las más poderosas experiencias que yo jamás he tenido con Dios. Estas pruebas realmente me llegaron profundamente en ese entonces, porque yo me sentía que era casi completamente inmune a los ataques del diablo. Éstas pruebas mostraron, sin embargo, que yo todavía me encontraba dentro de la batalla—y me humillaron colocándome en la realidad.

3. Un bombardeo de sugestiones mentales

El diablo puede bombardear sobrenaturalmente tu mente con los más horribles pensamientos. Cuando esto sucede, puede hacer que aún el cristiano más estable llegue a cuestionar su sanidad mental. Tales pensamientos no tienen su origen en el corazón del creyente. Una de las más importantes revelaciones que tú jamás puedes recibir, es el hecho de que no todos los pensamientos de tu mente en realidad son *tus* pensamientos. Algunos de estos pensamientos en realidad están viniendo de la voz del diablo.

¿Acaso tú realmente piensas que los pensamientos de Jesucristo querían convertir las piedras en pan, brincar del templo, o caer de rodillas para adorar al diablo? (Favor deber Mateo 4:3–10). ¡Por supuesto que no! Todo esto era la voz de Satanás tratando de convencer a Jesucristo que hiciera todo este tipo de actos pecaminosos.

Aunque es cierto que algunos pensamientos tienen su origen en un corazón pecaminoso, muchos de los pensamientos malvados en realidad se derivan de la voz del diablo en persona.

Muchos creyentes se condenan a sí mismos por estar pensando pensamientos pecaminosos. Ellos asumen que las

ideas se originaron dentro de su corazón. Aunque es cierto que algunos pensamientos tienen su origen en un corazón pecaminoso, muchos de los pensamientos malvados y abominables en realidad vienen directamente de la voz del diablo en persona.

Estos pensamientos, si no los podemos reconocer y resistir, pueden tomar vida propia y convertirse en algo muy poderoso. Muy pronto, el creyente va estar viviendo y dependiendo en ellos. Estos pensamientos comienzan a obsesionar su mente, y él pierde todo el control. El creyente comienza a debilitarse más y más, y se convierte en una persona muy vulnerable, susceptible a caer o aún peor, a perder su mente.

4. Aislándose completamente

El error de Elías fue el hecho de que se alejó de toda la gente. El pensó que él era el único que en verdad servía a Dios.

> *He tenido mucho celo por el* Señor, *Dios de los ejércitos; porque los hijos de Israel han abandonado tu pacto, han derribado tus altares y han matado a espada a tus profetas. He quedado yo solo y buscan mi vida para quitármela.* (1ª Reyes 19:14)

Dios lo confrontó con relación a su ego que se encontraba tan envanecido, recordándole que había otros que también Lo estaban sirviendo: *"Pero dejaré siete mil en Israel, todas las rodillas que no se han doblado ante Baal y toda boca que no lo ha besado"* (versículo 18).

El diablo va a tratar de alejarte de todas aquellas personas en tu vida que pueden identificar la seducción y exponer las fuerzas de las tinieblas que están tratando de jalarte y apartarte. En forma muy estratégica, Satanás trata de alejarte de toda la gente que de hecho pueden ayudarte.

Uno de los síntomas más clásicos y que indica que la gente se está alejando del Señor, se puede ver cuando ellos comienzan a alejarse de sus iglesias, de sus familias, de sus amigos, hasta el punto donde ellos se encuentran completamente solos para combatir a las fuerzas de las tinieblas. El diablo te quiere completamente solo. Es en este punto que él realmente puede tomar control de ti.

Cuando tú lees o escuchas historias acerca de homicidios masivos, ¿qué es lo que sus vecinos casi siempre suelen decir? "Él o ella era una persona muy solitaria. Era una persona muy introvertida. No solíamos verlo mucho, ni solíamos platicar con él. Es muy rara la vez cuando tenía una conversación". Esta es la razón de por qué los demonios fueron capaces de poseerlo en forma tan completa. No había nadie a su lado que pudiera reconocer el problema y prevenirlo.

5. Estar determinado a mantener una batalla privada entre tú y el diablo

> *Porque el misterio de la iniquidad ya está en acción.* (2ª Tesalonicenses 2:7)

> *Porque es vergonzoso aun hablar de las cosas que ellos hacen en secreto.* (Efesios 5:12)

El diablo trabaja en secreto. Sus víctimas son convencidas de que tienen que mantener sus batallas bajo toda discreción. Tienen miedo de permitir que cualquiera llegue a conocer la guerra espiritual que está sucediendo dentro de su alma. Todas las obras malvadas son hechas en secreto. Nadie anuncia sus pecados. Por lo tanto, el diablo convence a sus presas para que no le digan a nadie lo que está sucediendo. El diablo teme la confesión, porque la confesión libera al alma de sus garras

Esta es la razón de lo que Santiago estaba tratando de instruir que hicieran los cristianos caídos: *"Por tanto, confesaos vuestros pecados unos a otros, y orad unos por otros para que seáis sanados"* (Santiago 5:16). No puede haber sanidad y una completa liberación si no existe una total honestidad. Mientras que tú estés manteniendo tus actos en secreto, ellos van a seguir carcomiéndote. Tú puedes estarte diciendo a ti mismo, *Yo puedo derrotar esto en mis propias fuerzas.* Pero nunca lo vas a lograr. Tú siempre vas a estar diciéndole a Dios lo mal que te sientes.

Al principio, tú te vas a sentir culpable y vas a estar lamentando todas tus fallas y fracasos. Sin embargo, muy pronto después de esto, tú ya no vas a sentir ningún tipo de remordimiento. Tú tal vez vas a seguir pidiéndole a Dios que te perdone, pero tú sabes dentro de ti, que no vas a cambiar tus caminos ni tu forma de ser. Tú te encuentras en ataduras.

Sólo existe una forma de ser completamente libre: Tienes que acudir al pastor, al anciano, o al líder de la iglesia, y confesarles toda "la basura" que hay en tu vida. El va a saber cómo orar por tú bienestar espiritual. Yo he tenido mucho éxito cuando la gente se acerca a hacia mí y me confiesan todos sus pecados. Entonces pueden tener la victoria.

Lo puedo ver en sus ojos; sus lágrimas testifican del verdadero deseo que tienen de ser liberados. Después de orar, los demonios se van, y el gozo de la salvación regresa a ellos.

6. Estar tan embrujado, que te sientes abruma do y completamente inútil

"¡Oh, gálatas insensatos! ¿Quién os ha fascinado a vosotros?" (Gálatas 3:1). En años pasados solía existir un programa de televisión muy popular llamado *Bewitched* (Embrujado). Se trataba acerca de una bruja llamada Samantha, que se había casado con un mortal llamado Darrin. La historia casi siempre se daba alrededor de la madre de Samantha, que se llamaba Dora, quien casi siempre de, en un berrinche de enojo, echaba embrujos y maldiciones en contra de Darrin.

En un episodio, Dora convirtió a su yerno en un burro. Incapaz de poder hablar, Darrin sólo podía rebuznar—*hechaw, hechaw, hechaw.* Aunque él quería actuar como un hombre, él no podía, porque se encontraba *embrujado.*

Es muy similar a la descripción que Pablo dio, de lo que le sucedió a la iglesia en Galacia. Resume la forma como gente muy buena puede hacer mal las cosas, y explica la forma como las cosas Santas de repente pueden convertirse en cosas paganas. Esto parece una contradicción, pero de cierto llega a suceder. He podido encontrar y conocer a muchos creyentes muy maravillosos, quienes se encontraban embrujados. Ellos parecen estar completamente inútiles para poder vencer a las fuerzas invisibles que los mantienen en ataduras. Ellos desean profundamente poder cambiar, pero mientras más duro tratan de hacerlo, no pueden lograrlo.

Estoy muy bien familiarizado con este tipo de sentimiento. Hubo una ocasión en mi propia vida cuando yo me sentía abrumado por la tentación. Yo no podía ver la salida de mi predicamento. La gente que me conocía se preguntaba qué es lo que estaba pasando, y que estaba tan mal. Yo no les echó la culpa. Mi madre, que conocía la lucha que había adentro de mi, pidió a una iglesia local que oraran por mí. Yo conocía esa iglesia, pero no me agradaba en lo particular, y ellos tampoco creían en todo lo que yo enseñaba, pero por lo menos, ellos oraron por mí. El día que ellos oraron, yo estaba en la peluquería cortándome el pelo. A medida que el estilista estaba cortando mi cabello, se cayeron las vendas que tenía sobre mis ojos. Mientras que me encontraba sentado en esta silla, las lágrimas comenzaron a correr por mis mejillas. El estilista tal vez se preguntó qué es lo que estaba sucediendo, pero debido a que también era un cristiano, permaneció en silencio, porque probablemente sabía que Dios estaba haciendo algo dentro de mí. En muy pocos minutos, yo estaba completamente liberado.

Si tú te encuentras en ataduras y estás leyendo esto, yo sé exactamente lo que tú estás sintiendo. Los ojos están nublados; es muy difícil poder ver. Tú sabes en tu corazón lo que tú deberías hacer, pero tu mente está diciendo algo completamente diferente. Tú sientes que tienes un embrujo encima de ti. ¡Existe una salida! Tú debes buscar la honestidad y la oración. Acude a alguien en quien tú puedas confiar y confiésale absolutamente todo—no ocultes nada. Pide oración, y observa lo que Dios va a realizar.

Capítulo catorce

Pensamientos engañosos y delirantes

Hola, soy el pastor Brown, ¿le puedo ayudar?" Yo podía escuchar un suave sollozo que venía del otro lado de la línea.

Finalmente, una voz clamó diciendo, "Pastor Brown, soy Tracy". Ella comenzó a llorar.

"¿Qué pasa, Tracy?"

"¡Me estoy muriendo!"

Mi corazón se hundió. Yo pensé, *¿Cuál es el diagnóstico que le hizo el doctor?"*

Yo comencé a hablar, "Tracy, ¿cómo es que tú sabes que te estás muriendo?

"Yo lo sé porque lo estoy sintiendo".

Mi corazón se calmó. Ella no había visto a ningún doctor. El estaba sufriendo algún tipo de ataque de pánico o de miedo.

> *Cuando tu mente se encuentra en guerra, tú vives en temor. La paz es el indicativo de que tu mente se encuentra libre de los ataques del diablo.*

La principal señal de advertencia de que actualmente te encuentras bajo el ataque satánico es la falta de paz. La palabra *paz* puede tener el significado de ser libre de todo tipo de hostilidades. Lo opuesto a la paz es la guerra. Cuando tu mente se encuentra en guerra, tú estás viviendo en temor. La paz es el indicativo de que tu mente se encuentra libre de los ataques del diablo.

"Al de firme propósito guardarás en perfecta paz, porque en ti confía" (Isaías 26:3). Hay dos pensamientos muy importantes en este pasaje. Primero, tú tienes la responsabilidad de mantener tu mente en el Señor Jesucristo. Segundo, ¡la manera de hacer esto es por medio de confiar en el Señor!

El diablo va a hacer todo lo que él pueda para tratar de convencerte de que no puedes confiar en Dios, o de que Dios no es digno de tu confianza. El diablo va a bombardear tu mente con pensamientos de pánico. Pero tú puedes tener la seguridad de que *"Porque no nos ha dado Dios espíritu de cobardía, sino de poder, de amor y de dominio propio"* (2ª Timoteo 1:7). ¡Tienes todo el derecho de tener una mente sana! No te conformes con ninguna otra cosa que no sea una mente sana y saludable.

Tracy estaba perdiendo la batalla en su mente, debido a que ella estaba más convencida de las amenazas del diablo que de las promesas de Dios. A medida que comencé a ministrarla a ella, una revelación entró en mi corazón de repente: hay muchas personas que igual que Tracy sienten que están perdiendo su mente. El propósito de este capítulo es compartir la revelación que Dios me dio para ayudar a Tracy. Yo espero que esto te va a ayudar también, a mantener una mente sana y saludable.

La pantalla de tu mente

Porque las armas de nuestra contienda no son carnales, sino poderosas en Dios para la destrucción de fortalezas; destruyendo especulaciones y todo razonamiento altivo que se levanta contra el conocimiento de Dios, y poniendo todo pensamiento en cautiverio a la obediencia de Cristo.

(2ª Corintios 10:4–5)

Yo he podido leer este pasaje muchas veces anteriormente, pero en una ocasión, una nueva revelación me llegó de repente. Las palabras *razonamientos y especulaciones* me vinieron a la mente. Se nos dice que tenemos que destruir todo tipo de especulaciones y de razonamientos. Un elemento de las palabras razonamientos y especulaciones es el acto de pretender algo que no es.

A las niñas pequeñas les encanta pretender que son mamás. Ellas juegan con sus muñecas y las alimentan con leche imaginaria de las botellas. Estas niñas pequeñas en realidad no son momias. Ellas sólo están jugando a lo que quieren creer.

A los niños pequeños les encanta pretender que son Superman. Ellos se ponen pequeñas capas que sus padres les compran. La verdad es que todo esto es una pretensión. Ellos en realidad no pueden volar. ¡Nada de esto es real!

Como estos niños, podemos ver la diferencia entre lo que estamos pretendiendo en la imaginación y lo que es la realidad. Tú entras a un teatro de cine para ver "una fantasía". Tú estás viendo personajes imaginarios. Ellos son invención de los escritores, de los directores y de los actores. Ellos no son gente real sino que son personajes de ficción.

Sólo debido a que no son reales, esto no significa que tus emociones no pueden ser movidas. Cuando el psicópata asesino Freddy Kruger, lanza las navajas que tiene en su guante en contra de una víctima, toda la audiencia se pone a gritar. Podemos sentir el terror de esa escena. Cuando Indiana Jones se balancea sobre un profundo precipicio, nuestros corazones se aceleran a medida que nos imaginamos cómo va a salir de este tremendo problema. Aunque sabemos que se trata solamente de una película—que es una fantasía—aún así seguimos sintiendo temor y emociones. Sin embargo, no nos sentimos verdaderamente miedosos de ser tasajeados por la navaja o de caer en ese abismo nosotros mismos, debido a que somos capaces de separar nuestras emociones de nuestro intelecto.

Nuestras mentes se parecen mucho a la pantalla del cine. Las películas, muy frecuentemente están llenas con escenarios que nos aterran, y que juegan con nuestra mente. Necesitamos darnos cuenta de que lo que está sucediendo en nuestra mente es solamente "una pretensión". No es real. Desafortunadamente, mucha gente no puede notar la diferencia que existe entre la pretensión que está sucediendo en su mente y la verdad de la Palabra de Dios. Sus emociones tan fuertes los llevan a creer que esa pretensión es real. ¡Pero no es real!

Raúl ha sido una grande bendición para nuestra iglesia, pero cuando lo conocí por primera vez, él era todo un manojo de nervios. El enemigo había podido plantar un pensamiento en su mente con relación a que si él le daba la mano a cualquier persona para saludarla, eso iba a maldecir a esa persona, y por lo tanto él rehusaba saludar de mano, e incluso toma acerca de esta mentira. El había asentido con su cabeza y había estado de acuerdo conmigo que era algo muy tonto, el hecho de pensar que sus manos podían maldecir a otras personas. A pesar de haber estado de acuerdo conmigo, él seguía luchando con este pensamiento. Fue solamente por medio de alimentarlo continuamente con la Palabra de Dios, lo que pudo aumentar su confianza en Dios, e hizo que Raúl fuera capaz de liberarse completamente de esta mentira. Ahora él es uno de los más grandes guerreros de oración de nuestra iglesia, y él puede tomar las manos con cualquier otra persona para ponerse a orar juntamente con ellos.

Enfermedades mentales

Una palabra que describe a la persona que tiene un principado o una potestad de pretensión es esta: *delirante*. Esta es una palabra muy fuerte, pero yo quiero que esta palabra haga un impacto en tu vida. Casi todos los problemas mentales—desde la completa locura hasta las formas más simples de comportamiento compulsivo—son el resultado de aceptar como verdad es algo que es imaginario.

Casi todos los problemas mentales son el resultado de aceptar como verdadero algo que es completamente imaginario.

La versión antigua de la Biblia usa la palabra *imaginaciones* en lugar de la palabra *pretensión*. Significa la misma cosa. Existe algo imaginario que está sucediendo en la mente.

A través de los años, ha habido muchas personas que tienen algún tipo de delirio, y que tratan de discutir en contra de mí diciendo, "Usted no entiende pastor. Lo que yo estoy sintiendo es una realidad y está sucediendo. Yo sé que tú crees que estoy loco, pero es completamente real; ¡esto realmente me está sucediendo!" Entonces, ellos continúan y me comienzan a describir algún incidente extraordinario que insisten en que les está sucediendo.

> *Para que alguien pueda ser liberado de su sufrimiento, primero debe humillarse y admitir que todas esas pretensiones son una mentira.*

Mientras que ellos sigan discutiendo en contra de la verdad, no hay nada que se pueda hacer para poder ayudarlos. La pretensión *"se levanta en contra del conocimiento de Dios"* (2ª Corintios 10:5). La frase *"se levanta en contra"* lleva en sí mismo la idea de "exaltación", como si se tratara de un ídolo. Un ídolo no es real, igual que un pensamiento; sin embargo, la gente se postra ante él como si fuera la verdad. Para que alguien pueda ser liberado de su sufrimiento, primero debe humillarse y admitir que toda esa pretensión es una mentira. Hay algunas personas que son tan orgullosas y que están convencidas que todo aquello en lo que están creyendo es la verdad.

Muy rara vez sucede que pasé una semana sin que tenga yo a alguien que se pone en contacto conmigo para compartir algún tipo de delirios que tiene. Permítame contarle a cerca de los cuatro pensamientos más comunes que tienen que ver con delirios que he escuchado a través de los años.

1. Yo he cometido un pecado imperdonable.

Rosa y su marido habían asistido a mi iglesia durante un año. Tres veces, mi esposa y yo habíamos visitado a Rosa debido a que nos lo había pedido. Ella había sido diagnosticada con esquizofrenia, y estaba convencida de que ella había cometido "el pecado imperdonable".

Ella me dijo que había blasfemado en contra del Espíritu Santo, y que había leído de la Biblia que ella no iba a poder ser perdonada de este tipo de pecado.

Yo le pregunté a Rosa, "¿Puedes tú definir para mí lo que significa 'un pecado imperdonable'?" Ella me dirigió una mirada en blanco, y entonces trató de murmurar una definición. "Oh, pastor Brown, yo he tenido sexo con demonios, y eso es imperdonable".

Yo sacudí mi cabeza, "Rosa, ese no es un pecado imperdonable. Lo que tú estás describiendo es algo sumamente horroroso, pero no es una blasfemia en contra del Espíritu Santo".

Yo procedí a explicarle a Rosa que los demonios no pueden tener sexo con nosotros debido a que no cuentan con cuerpos humanos. Yo abrí la Palabra de Dios y le expliqué que ella no había cometido un pecado imperdonable.

"Rosa, en primer lugar, si tú hubieras cometido un pecado imperdonable, tendrías un corazón muy endurecido y ni siquiera estarías preocupandote acerca de ello. Todos aquellos que cometen algún pecado imperdonable ni siquiera se detienen a pensar acerca de ello. El hecho de que tú estás tan preocupada acerca de haber cometido este pecado, es prueba de que tú no lo has hecho".

Rosa sacudió su cabeza. "Me gustaría poder creer lo que usted dice, pero yo sé que he cometido este pecado, y Dios no puede perdonarme".

A pesar de todos mis argumentos y razonamientos bíblicos, yo no pude persuadir a Rosa para que creyera en la Palabra de Dios. Estaba determinada a creer lo que ella quería. La paz hubiera podido entrar en el corazón de ella, sólo si ella hubiera sido capaz de confiar en Dios. (Favor de ver Isaías 26:3).

Eventualmente, Rosa y su marido se fueron de mi iglesia, y perdí contacto con ellos durante varios años. Eventualmente tuve noticias de ellos con relación a que Rosa había brincado enfrente de un tren y se había matado.

Yo se que esta es una historia muy trágica. Yo incluso he estado titubeando para compartirla, pero me doy cuenta que la esperanza siempre tiene que estar basada en la verdad. Esa historia tan trágica tiene el objetivo de impresionarte profundamente para que te des cuenta que incluso un ministro no puede ayudar a alguien que en forma tan orgullosa se aferra a una mentira.

Algunas veces Jesús usó historias trágicas para poner una impresión en todos aquellos que lo escucharon. El habló acerca del hombre rico y de Lázaro. La historia trágica del hombre rico quemándose en el infierno, tenía el objetivo de hacer que la multitud abrieran sus corazones para poder escuchar las Santas Escrituras. Ésos también contó la historia de un granjero que comenzó con una vida muy feliz por medio de tener una gran cosecha, pero la historia termina trágicamente cuando Dios le está diciendo, "*¡Necio! Esta misma noche te reclaman el alma; y ahora, ¿para quién será lo que has provisto?*" (Lucas 12:20). Este no fue un final feliz, ¿te puedes dar cuenta?

Algunas veces podemos aprender mucho más de los finales trágicos que de los finales felices. Yo espero que tú puedas entender que el hecho de discutir y exaltar tus propios pensamientos por encima de la voluntad de Dios nunca te va a llevar a tener una mente sana y saludable.

2. Yo tengo demonios que no me quieren dejar.

Diana había escuchado que el equipo de la cadena televisora MSNBC iba a venir a mi iglesia para grabar un servicio de liberación. Ella me dijo que ella necesitaba liberación, y ella me pidió si podía ser parte de este documental, para que yo echara fuera de ella todos los demonios que ella tenía.

Yo le pregunté, "Diana, ¿cómo es que tú sabes que tienes demonios?"

"Yo los he escuchado hablar a través de mí".

"¿Acaso tú tienes algún pastor que te conoce?"

"Sí".

"¿Alguna vez él ha podido orar para que tú seas liberada?"

"Bueno, sí, él lo hizo hace varios años, pero yo todavía escucho esas voces. Y ahora él me dice que él no piensa que yo tengo demonios".

"Diana, si él echó los demonios fuera de ti, ¿cómo es que tú todavía estás escuchando las voces de los demonios?"

"No lo sé, pero todavía las escucho".

"Bueno, tal vez las voces que tú estás escuchando no provienen de los demonios. Si ellos no son demonios, no existe posibilidad alguna que tú pastor o yo podamos ser capaces de echar fuera algo que no está ahí adentro".

"Pastor Brown, ellos van a hablar a través de mí si usted les ordena que hablen".

Yo comencé a orar por Diana, y bien cierto, una voz salió de su boca diciendo, "Tú no me puedes echar fuera. Yo pertenezco aquí adentro".

Yo le pregunté a esa voz, "¿Quién es Cristo Jesús?"

"Oh, Él es un maravilloso Salvador, y yo le tengo mucho miedo". Para poder asegurarme que era un demonio y no Diana quien estaba hablando, yo trate todas las cosas posibles para hacer que este supuesto demonio maldijera a Cristo Jesús, pero esto no sucedió. Yo me di cuenta de que no eran los demonios los que estaban hablando a través de Diana, porque la voz era muy amable cuando hablaba acerca de Cristo Jesús. Las voces de estas diferentes personalidades eran Diana misma.

"Diana, no es un demonio él que está hablando a través de ti".

"¿No lo ves?"

"No. Un demonio nunca va a alabar a nuestro Señor Jesucristo. Es muy claro que todas estas palabras provienen de *ti* y no de un demonio, porque en tu corazón tú amas al Señor Jesús, y de ninguna forma tu tratarías de maldecirlo".

Diana se puso a pensar por un momento, "Usted está correcto. Yo no puedo decir nada malo acerca de Cristo Jesús".

Después de estar conversando conmigo por un rato, ella dijo, "me siento tan contenta de haber hablado con usted. Yo siempre había pensado que había un demonio dentro de mí, y que no había nadie que pudiera ser capaz de echarlo fuera".

Hay muchas otras personas como Diana. Ellos creen honestamente que tienen un demonio dentro de ellas y que no hay nadie que pueda echarlo fuera. Sin embargo, la Palabra de Dios dice que Jesús nos dio *"poder y autoridad para expulsar todos los demonios"* (Lucas 9:1, NVI), y nada puede detenernos.

En ocasiones, después de que he obrado por la liberación de alguna persona, esa persona tal vez me dice lo siguiente, "El demonio todavía está ahí. Usted no pudo echarlo fuera".

Normalmente yo le pregunto, "¿Acaso éste es el primer intento de echar fuera ese demonio?"

Casi siempre este tipo de persona me contesta, "No, he tenido muchas gentes que han tratado de echar fuera ese demonio. He tenido a los mejores y a los ministros más famosos tratando de echar fuera a este demonio, pero nadie puede hacerlo".

Aquí es cuando yo explicó la situación del problema. "¿Acaso tú sabes por qué ninguna de esas personas pudieron echar fuera a ese demonio de ti?"

"¿Por qué?"

"Ellos no pueden echar fuera el demonio, debido a que no existe ningún demonio ahí para echar fuera". Yo les sigo explicando, "Hay un pensamiento mentiroso que fue plantado por el diablo hace mucho tiempo en tu mente. Y ese pensamiento es, *Yo tengo un demonio que es demasiado fuerte para que alguien pueda echarlo fuera*. No hay ningún demonio dentro de ti, y tu problema sólo consiste en que se trata de un pensamiento. Y nadie tiene el poder para echar fuera de ti tus pensamientos. Sólo tú eres quien tienes la autoridad para destruir y controlar tus propios pensamientos".

La Biblia dice que podemos destruir y controlar (favor de ver 2ª Corintios 10:5) imaginaciones y pretensiones. Existe una diferencia entre destruir y controlar los pensamientos, y tratar en vano de echarlos fuera. Los pensamientos no pueden ser echados fuera, pero sí pueden ser *destruidos y controlados*. La única persona que puede hacer esto es la persona que está pensando esos pensamientos.

Algunas personas han escuchado, o alguien les ha dicho que tienen demonios. Normalmente cuando esto sucede, se trata de un ministro de liberación que falló en mantener el equilibrio entre la necesidad de ser liberado, y la necesidad que cada persona tiene para tomar control sobre su propia mente. Éstas gentes normalmente reciben estos mensajes de estos ministros que no tienen experiencia, "Tú tienes un demonio, y vas a necesitar muchísimo tiempo antes de que tú puedas ser libre".

Estos pensamientos sugestivos hacen que el individuo entre en cautividad. Ese individuo entonces comienza a manifestar lo que se espera de él. Tal vez grite, tal vez finge diferentes voces, y manifieste un comportamiento muy raro, pero la verdad es que simplemente él tiene un pensamiento en su mente, el cual le fue plantado por alguien que lo estaba tratando de convencer de que tenía demonios.

Los psiquiatras pudieron testificar esto cuando la película *El Exorcista* salió al aire en los años setentas, y muchos de sus pacientes comenzaron a exhibir algún tipo de posesión demoniaca que se mostraba en la película. Aunque es cierto que esa película abrió el diálogo para que los pacientes pudieran cuestionar sus problemas psiquiátricos, e incluso algunos de ellos pudieron entender que sus problemas legítimamente se derivaban de la obra de demonios, yo pienso que en la mayoría de sus casos, simplemente se trató de gente que se refería a la película, y que trataba de poner la idea dentro de su propia mente con relación a que ellos tenían demonios.

Alguien tal vez pregunte, "¿Cómo puedo saber si hay un demonio ahí dentro o si no hay nada?" Si las personas ungidas no pueden echar fuera ese demonio, eso normalmente es prueba de que no hay ningún demonio ahí adentro. Yo también me doy cuenta de que algunos demonios no salen a menos que sea por medio del ayuno y la oración; sin embargo, después de que se ha tratado todo esto, va a venir un tiempo cuando la persona se da cuenta de que ha recibido la oración adecuada. En ese momento, se debe entender que no hay más demonios allí adentro. La persona tiene que reconocer que "*mayor es el que está en él o ella que el que está en el mundo*" (1ª Juan 4:4).

La perfecta paz viene debido a que tu mente permanece en Dios (favor de ver Isaías 26:3). Hay algunas personas cuyas mentes permanecen con el diablo. Ellos normalmente creen que los demonios que están en ellos son mucho más grandes que el Espíritu Santo que está dentro de ellos. Si ellos siguen exaltando al diablo por encima de Dios, ellos van a seguir luchando con todos esos temores.

3. No tengo esperanza alguna para seguir viviendo.

Durante muchos años, Michelle había estado luchando con una nfermedad crónica y con un matrimonio muy amargo que la había hundido en la depresión. Convencida de que nunca más en la vida a ella iba a experimentar felicidad, ella comenzó a contemplar la idea del suicidio. Afortunadamente, Michelle entró en contacto con mi dirección en la Internet y leyó todos mis materiales. Ella leyó lo que yo había escrito acerca del suicidio, y acerca de la necesidad de tener el temor de Dios. Yo le mostré que Dios tenía un maravilloso plan para su vida, y ella comenzó a ver que podría ser sanada y experimentar el gozo nuevamente. Ella decidió hacer a un lado sus pensamientos de suicidio, y tratar de confiar en Dios. Cuando lo hizo, la esperanza se abrió paso dentro de su corazón. Ella me escribió por correo diciendo, "Por primera vez en más de un año, yo quiero vivir".

Hay algunas personas cuyas mentes permanecen con el diablo. Ellos normalmente creen que los demonios que están en ellos son mucho más grandes que el Espíritu Santo que está dentro de ellos.

La falta de esperanza es una de las más grandes herramientas del diablo. Esta es la razón de que Pablo escribió, *"Pero puesto que nosotros somos del día, seamos sobrios, habiéndonos puesto la coraza de la fe y del amor, y por yelmo la esperanza de la salvación"* (1ª Tesalonicenses 5:8). Un casco tiene la función de cubrir la cabeza, puesto que ahí se encuentra nuestra mente. El diablo no puede dañar permanentemente nuestra mente cuando la tenemos cubierta con él casco de *"la esperanza de la salvación"*. La esperanza es la expectativa de que todo va a resultar de la mejor manera posible. La esperanza no es una fantasía, debido a que Dios prometió que todas las cosas ayudan para bien a aquellos que aman a Dios (favor de ver Romanos 8:28). Un cristiano que siente que no tienen esperanza alguna, de hecho está teniendo un pensamiento de delirio. ¿Cómo es que nosotros, que conocemos al Señor Jesús no podemos tener esperanza?

Un cristiano que siente que no tiene esperanza alguna, está sufriendo de un pensamiento de delirio.

> *Y el Dios de la esperanza os llene de todo gozo y paz en el creer, para que abundéis en esperanza por el poder del Espíritu Santo.* (Romanos 15:13)

Tú tal vez conoces a Dios como el Dios del amor, pero Él también es el Dios de la esperanza. Tú puedes estar rebosando de esperanza si tú pones tu confianza en Dios. Si tú no estás rebosando de esperanza, ésta es una señal segura de que tú no estás confiando en Dios. Ya es tiempo de que comiences a poner tu confianza en Dios, y Él va a hacer que todas las cosas resulten en la mejor manera para ti.

> *Y sabemos que para los que aman a Dios, todas las*
> *cosas cooperan para bien, esto es, para los que son*
> *llamados conforme a su propósito.*
>
> (Romanos 8:28)

> *Echando toda vuestra ansiedad sobre El, porque El*
> *tiene cuidado de vosotros.* (1ª Pedro 5:7)

4. No puedo perdonar.

El pastor Alberto experimentó un cansancio extenuante. El hombre que era su mano derecha lo dejó, tomando una tercera parte de la congregación consigo, para comenzar una nueva iglesia. Alberto estaba lleno de amargura en contra de este viejo amigo. *¿Cómo es que él pudo hacer esto en contra de mi?* El pensó.

Yo fui invitado por el pastor Alberto para organizar una serie de reuniones en su iglesia. Fue en la última noche de este seminario, cuando yo sentí que el Señor Jesús me guió para que yo compartiera una enseñanza acerca del perdón. Yo no sabía nada de lo que estaba sucediendo con él, pero cuando yo hice el llamamiento para que la gente comenzará a perdonar a las personas en contra de quien tenían resentimientos, el pastor Alberto pasó al frente, llorando incontrolablemente. Los miembros de su iglesia que sabían la situación, se reunieron alrededor de él y comenzaron a orar por él. Desde el fondo de su corazón, Alberto perdonó completamente a ese otro hombre. Al final, él sinceramente podía desearle a ese hombre todo lo mejor.

Alberto me dijo que por primera vez desde que había ocurrido este incidente con ese hombre, él se sentía feliz de estar pastoreando esa iglesia. Además de todo esto, Alberto se dio cuenta que él había dejado de ser, en los últimos meses, la persona que acostumbraba ser. El estaba predicando duramente, hablando inconscientemente acerca de la frustración que sentía en su iglesia. Después de que el perdonó sinceramente, el espíritu dulce que siempre había tenido regresó a manifestarse a través de él. Su congregación pudo notar de inmediato un cambio positivo en toda su persona. Como resultado este cambio, su congregación creció rápidamente y fue mucho más allá del tamaño que tenía antes de que ocurriera la división.

La gente tiene la idea equivocada acerca de que el perdón es para el beneficio del ofensor. No es así. Principalmente y primariamente es para el beneficio de la víctima. Muchas gentes viven en diferentes tipos de delirios, pensando que por medio de sentir resentimientos, están castigando a aquella persona que actuó mal en contra de ellos. De hecho, ellos realmente se están lastimando a sí mismos.

> *La gente tiene la idea equivocada acerca de que el perdón es para el beneficio del ofensor. No es así. Principalmente y primeramente es para el beneficio de la víctima.*

El pastor Joel Osteen recientemente recordó una ocasión en que se sentó en el asiento trasero del carro familiar cuando era un niño pequeño, y andaba con su padre, y había otro hombre sentado enfrente del automóvil. A medida que el chofer dio vuelta en una carretera, el padre de Joel, que se llamaba Juan, dijo, "Oye hermano, tú estás tomando el camino más largo. Tú deberías seguir derecho en la otra carretera".

El hombre replicó, "Oh, yo nunca he viajado por esa parte de esa carretera debido a que "fulano de tal" vive ahí, y el hizo muchas cosas malas en contra de mi". Aunque Joel era sólo un niño, él pensó, *Fulano de tal ni siquiera sabe que este hombre siempre está tratando de evitarlo. A él probablemente ni siquiera le importa, pero este hombre se desvía de su camino con tal de evadirlo.*

¿Cuántos de nosotros somos y actuamos como este hombre? ¿Acaso en realidad pensamos que la gentes que nos ofendieron van a resultar lastimados por medio de que nosotros no los perdonemos? ¿Acaso tú puedes darte cuenta del delirio de este razonamiento? Cuando tú mantienes resentimientos en contra de otras personas, ellos, de hecho ganan poder sobre ti. Perdonar a otras gentes, de hecho y en realidad te libera de su poder, y ésta es la manera final de liberarte a ti mismo de todo ese dolor.

Capítulo quince

Cómo poner tu mente en
orden nuevamente

Porque las armas de nuestra contienda no son carnales, sino poderosas en Dios para la destrucción de fortalezas.   (2ª Corintios 10:4)

Qué deberías hacer tú para deshacerte de los principados y potestades que están en tu mente? Las palabras principados y potestades se derivan de una palabra que significa "fortalezas". Una fortaleza es un lugar de seguridad. En este caso, tus pensamientos le pueden dar al diablo un lugar seguro en donde puede trabajar el plan que tiene en contra de tu vida. Es un lugar donde Satanás tiene una defensa, o una posición bien protegida.

Tú tal vez has visitado algunos de los lugares donde se encuentren fortalezas históricas alrededor del mundo. Normalmente cuentan con murallas muy altas que están rodeando otros edificios. ¿Cómo puedes tú llegar a destruir un fuerte o una fortaleza? Una manera de hacerlo es usando una bola demoledora. Tú no puedes solamente sentarte a esperar que las paredes van a caer y a derrumbarse por sí mismas; tú tienes que forzarlas para que sean derribadas. Esta es una verdad que funciona de la misma manera con tu mente. Tú no puedes seguir esperando que tu mente va a regresar a su estado normal. Tú tienes que pelear por ella.

1. Debes reconocer que no existe nada más grande que Dios.

Nosotros tenemos el poder divino para demoler fortalezas. El diablo tiene poder, pero él no tiene poder divino. Tú debes entender que se requiere del poder divino para destruir y demoler las fortalezas que se encuentran en tu mente.

El poder de Dios es mucho más grande que el poder demoníaco.

La misericordia de Dios es mucho más grande que el pecado.

El amor de Dios que se encuentra en tu corazón es mucho más grande que la amargura que estás sintiendo.

El poder sanador de Dios es mucho más grande que cualquier enfermedad.

La provisión de Dios es mucho más grande que cualquier tipo de necesidad.

La sabiduría de Dios es mucho más grande que cualquier tipo de confusión.

Si tú estás pensando que tu problema es más grande que la habilidad de Dios para resolverlo, entonces tú vas a ser derrotado por el temor.

Si tú estás pensando que tu problema es más grande que la habilidad de Dios para resolverlo, entonces tú vas a ser derrotado por el temor. Una persona que cree que su problema es más grande que Dios, en realidad se encuentra bajo el poder de un delirio. No existe nada más grande que Dios.

Liesl Alexander fue diagnosticada con una enfermedad mental muy severa, y tuvo que ser hospitalizado por haber habido una intervención de una orden de la corte. Nadie le echo la culpa a ella por la condición en que se encontraba. Después de todo, ella creció con padres alcohólicos y su padre siempre estuvo muy distante. La situación disfuncional de su familia se complicó mucho más porque su abuela era ciega, y además tenía una tía abuela que era neurótica, y una hermana gemela con una enfermedad similar a la de ella. Liesl tenía todas las marcas genéticas para pasar el resto de su vida en las instituciones de salud mental.

En medio o de toda esta desesperación, ella trató todo lo humanamente posible para recuperar su mente. Ella se involucró profundamente en el ocultismo, tratando de encontrar respuestas para su vida que se encontraba hecha pedazos, pero eso no le trajo a ella ninguna mente saludable.

Un día, algunos cristianos llegaron a visitarla. Ella se sorprendió mucho al sentir ese sentimiento de paz a medida que le hablaban a ella acerca de Cristo Jesús. Muy calmadamente, ellos le contaron acerca del amor de Dios, y de la forma como Dios la amaba a ella, y le explicaron que Dios podía sanar su mente.

¿Cómo? Estas palabras parecían ser demasiado buenas para ser ciertas. Los cristianos formaron un círculo alrededor de ella, pusieron sus manos sobre ella, y declararon una simple oración: "Señor Jesús, por favor sana la mente de esta muchacha".

De repente se dio "un clic" dentro de la cabeza de Liesl. Ella vino cara a cara con una luz que completamente la envolvió. Ella tuvo la completa conciencia de la presencia de Cristo Jesús. Por primera vez, ella tenía esperanza que iba a poder ser normal. Después de que los visitantes se fueron, Liesl se sintió mejor, pero sabía que algo todavía estaba faltando. A las tres de la mañana, ella rindió completamente su vida a Cristo Jesús. A través de sus lágrimas, ella oró, "Yo creo en Ti, Jesús. Yo quiero seguirte. Por favor ven a mi vida y compón todo aquello que está mal". De repente, ella fue sobrecogida por la conciencia de la presencia del poder y de la bondad de Dios.

Desde ese encuentro, Liesl ha sido completamente sanada y fue liberada de aquella enfermedad mental tan severa que los doctores creían que nunca ha iba a poder ser curada. Ella ahora está casada con un ministro anglicano, y ella viaja por todos lados compartiendo su testimonio. Liesl se ha dado cuenta que no existe enfermedad mental que esté más allá de la habilidad de Dios para sanar.

2. Debes descubrir cada mentira en la que tú has creído, y debes buscar las Escrituras que prueben su error.

> *Poniendo todo pensamiento en cautiverio a la obediencia de Cristo.*   (2ª Corintios 10:5)

No puede haber enemigos que hayan quedado libres para moverse en la oscuridad, cuando un ejército toma por asalto una fortaleza. Esto sólo vendría a provocar daños innecesarios al ejército que está tratando de asegurar la fortaleza. Cada miembro del enemigo que permanece en ese lugar debe ser tomado cautivo. Lo mismo se aplica y es verdadero con relación a todo tipo de mentira que hemos aceptado como verdad. Debemos aprisionar cada mentira que en alguna ocasión nos aprisionó a nosotros. Si permitimos aunque sea una sola mentira que siga trabajando libremente en nuestra mente, va a seguir trayendo problemas a nuestra vida.

Si permitimos aunque sea una sola mentira que siga obrando libremente en nuestra mente, va a seguir metiéndonos en problemas.

¿Cuáles son las mentiras en que tú has creído? Tú necesitas reemplazarlas con la verdad, pero debes tener las Escrituras necesarias para respaldarlo. Algunas personas tal vez digan lo siguiente, "Yo no tengo tiempo para estar buscando versículos de la Biblia". Esa es una mentira. Tú tienes el tiempo suficiente para sentarte por más de una hora para decirle todos tus problemas a un consejero. Tú tienes tiempo para sentarte durante horas enteras, esperando entrar a la cita de tu médico. Tú incluso tienes tiempo más que de sobra para sentarte enfrente de la televisión.

Todos tenemos tiempo suficiente. Es un asunto de priorizar el tiempo que tenemos. ¿Qué es verdaderamente importante para ti? Tú debes meterte en la Palabra de Dios para encontrar la verdad, y que de esta manera, tú puedes usarla para destruir las mentiras que han estado atormentando tu mente.

3. Debes declarar la Palabra de Dios en contra de todos esos principados y potestades, porque Dios imparte su poder a través de tus labios.

> *Porque las armas de nuestra contienda no son car-*
> *nales.* (2ª Corintios 10:4)

El apóstol Pablo hizo una lista de la armadura de Dios en Efesios capítulo seis. Si miramos de cerca a esta armadura, esto revela que existe solamente una dama ofensiva que se menciona en ese pasaje: la espada de la Palabra de Dios—que es la declaración de la Palabra de Dios. (Favor de ver Efesios 6:17). Si tú tienes la Palabra de Dios solamente en tu cabeza, y nunca sale de tu boca, es como si tú tuvieras una espada que tú dejas todo el tiempo dentro de su funda. Debes sacarla y debes usarla por medio de declarar la Palabra de Dios. Las palabras son mucho más grandes y poderosas que los pensamientos. Un pensamiento es poderoso, pero las palabras son mucho más dominantes. La Palabra de Dios, cuando es declarada en voz alta a ti mismo, mientras que tú estás leyendo la Biblia, es una buena forma de poner tus pensamientos bajo control.

Jesús sabía esto. Cuando fue tentado con pensamientos equivocados, Jesús declaró en voz alta en contra del diablo, *"Está escrito"* (Mateo 4:4, 7, 10). Aunque estaba armado con las Santas Escrituras, aún Jesús no podía vencer al diablo simplemente con los pensamientos *de Su mente*, sino con la Palabra *en Su boca*. Toma todos los versículos que tú has aprendido, y declararlos en voz alta hasta que esas fortalezas de principados y potestades sean rotas completamente.

Esto no es lo mismo que está gritando con todas las fuerzas que puedas, repitiendo la tan gastada frase, "¡Te reprendo Satanás!" El hecho de decir "Te reprendo" realmente no está reprendiendo al diablo. *Reprender* es un verbo. *Reprender* realmente es hacer algo con relación al diablo. Para en verdad poder reprender al diablo, tú debes referir versículos de la Biblia en contra de él, y no solamente estar diciendo "Te reprendo" una y otra vez. El hecho de repetir esta frase solamente le da más poder al diablo en tu contra, porque tus pensamientos se enfocan en él y no en las promesas de Dios. Lo mejor es tomar simplemente pasajes específicos de la Biblia y declararlos en voz alta.

Para reprender realmente a Satanás, tú debes citar los versículos de la Biblia, y no solo decir "Te reprendo" una y otra vez.

Debes hacer una lista. En un lado, debes escribir las áreas del problema en tu vida. En la siguiente columna, debes poner pasajes de la Biblia que hagan referencia a esas áreas.

Ejemplo

Áreas de problema	Pasajes de la Biblia
Lujuria sexuales	Job 31:1 Romanos 6:1–7 Colosenses 3:5 1ª Tesalonicenses 4:4

Debes orar en voz alta, usando estos pasajes, para destruir esos principados y potestades que se encuentran en tu mente. En el ejemplo lo que acabamos de escribir, la oración que podrías usar sería algo como esto:

> Padre Dios, "*Yo hago un pacto con mis ojos para no volver a mirar lujuriosamente a una mujer*" (Job 31:1). Yo no voy a seguir pecando voluntariamente para hacer que la gracia aumente. Yo ya morí para el pecado y no puedo vivir en él. Yo estoy enterrado con Cristo Jesús por medio del bautismo, en la muerte, para qué de la misma forma como Cristo Jesús fue levantado de los muertos a través de la gloria del Padre Celestial, yo también, pueda tener una nueva vida. El viejo hombre ha sido crucificado juntamente con Cristo Jesús, para que el cuerpo del pecado sea deshecho también, y que yo nunca más tenga que seguir siendo esclavo del pecado. (Romanos 6:1–7). Yo he muerto con Cristo Jesús, y los hombres muertos no pueden pecar. Yo mato todo aquello que pertenece a mi naturaleza terrenal. Yo mato toda inmoralidad sexual, toda impureza, toda lujuria, y todo tipo de deseos malvados (Colosenses 3:5). Yo voy "*a aprender a controlar* [mi] *propio cuerpo en una manera santa y honrosa*" (1ª Tesalonicenses 4:4, NVI).

Tú puedes hacer de la Palabra de Dios tu propia oración para cada problema y para cada área de problema que encuentres en tu vida. Casi todos los días en nuestro ministerio alguien nos dice que hay algún problema mayor mental en su vida y que le atribuye esto a los demonios. Algunos de hecho si tienen demonios, y por lo tanto yo me ofrezco para orar una oración de liberación por ellos. En la mayoría de los casos, sin embargo, yo no encuentro ninguna posesión de demonios, pero simplemente muchas mentiras que la gente ha llegado a creer como si fueran verdad. Muchos de ellos han recibido muchas oraciones para su liberación, pero ellos no han mejorado gran cosa; de hecho, han empeorado. Es muy claro que el problema está en su mente.

Tú puedes hacer de la palabra de Dios tu oración personal para cada área de problema que existe en tu vida.

Las cuatro mentiras de delirio que tocamos en el capítulo anterior fueron incluidas, debido a que son las que la mayoría de las personas que tienen problemas mentales han aceptado como verdad. Por lo tanto, yo he incorporado una oración basada en la Palabra de Dios, la cual es muy poderosa y va a destruir a esos principados y potestades específicos de la mente. Si tú te encuentras luchando con cualquiera de estos asuntos, yo quiero que mires el pasaje que te he puesto y que hagas esa oración en voz alta. Ni por un momento más sigas aceptando esos pensamientos de delirio como si fueran verdad. Es tiempo de moverse hacia adelante y de reclamar la victoria que ya te pertenece.

Áreas de problema	Pasajes de la Biblia
Culpa	Salmo 103:2–12 Romanos 8:1 Juan 14:16

Áreas de problema	Pasajes de la Biblia
Demonios	1ª Juan 4:4 Santiago 4:7 Marcos 16:17 Lucas 10:19
Pensamientos de suicidio	Jeremías 29:11 Salmo 118:17 Nehemías 8:10 Isaías 12:3
Falta de perdón y resentimientos	Romano 5:5 Efesios 4:32 Job 5:2 Mateo 7:1–5 Mateo 18:21–35

Culpa

Padre Dios, yo vengo en el nombre de Jesús. Yo reconozco que el diablo me ha engañado haciéndome pensar que yo he cometido un pecado imperdonable. Sin embargo, Tú has prometido perdonarme todos mis pecados. Tan lejos como el este se encuentra del oeste, así de lejos Tú has removido todos los pecados de mi. (Salmo 103:12). Gracias por haberme perdonado. No hay ninguna condenación para mí, porque yo estoy en Cristo Jesús. (Romanos 8:1). El Espíritu Santo nunca me ha abandonado, porque Jesús ha prometido que el Espíritu Santo va a permanecer dentro de mí para siempre. (Juan 14:16).

Demonios

Los demonios me han mentido y me han hecho pensar que ellos nunca pueden salir de mí. Pero yo reconozco que el Espíritu Santo que está dentro de mí es mucho más grande que cualquier demonio del mundo. (1ª Juan 4:4). Todo aquel a quien el Hijo de Dios libera es libre verdaderamente. Los demonios están en el mundo, pero no pueden vivir en mí. Yo estoy libre de todo demonio. Yo puedo resistir al diablo, quien huye de mí lleno de terror. (Santiago 4:7). El diablo y sus demonios me tienen miedo. Yo soy una persona que los puede echar fuera. Yo tengo autoridad en el nombre de Jesús para echar fuera a todos los demonios. (Marcos 16:17). A mí me ha sido dada la autoridad sobre todo el poder del enemigo, y nada me puede dañar. (Lucas 10:19).

Pensamientos de suicidio

Yo rechazo todo pensamiento de suicidio. No hay necesidad de vivir en la muerte, siendo que Dios me ha prometido un gran futuro. Dios ha planeado bendecirme y darme esperanza, así como un destino maravilloso. (Jeremías 19:11). *"No moriré, sino que viviré, y contaré las obras del* Señor*"* (Salmo 118:17). *"El gozo del* Señor *es nuestra fortaleza"* (Nehemías 8:10, NVI), y *"Con gozo sacarás agua de los manantiales de salvación"* (Isaías 12:3). Yo tengo esperanza que yo voy encontrar amor en mi vida, y que voy a ser sanado, y que mis finanzas van a prosperar para bien. Yo confío en el Dios de la esperanza.

Falta de perdón y resentimientos

Dios ha derramado su amor en mi corazón (Romanos 5:5) por medio del Espíritu Santo, de tal manera que yo puedo amar y perdonar a cualquiera, de la misma forma como Dios me ha perdonado. (Efesios 4:32). Yo voy a ser sabio y voy a renunciar a toda forma de resentimiento. Yo voy a dejar de tener resentimientos en contra de otras personas. Yo no voy a buscar juzgarlos o encontrar las fallas que ellos tienen. Yo me salgo de mi prisión interior, por medio de perdonar a cualquiera que me ha lastimado. ¡Yo tengo una mente sana!

Cuando tú haces estas declaraciones en oración, en voz alta, los pensamientos imaginarios, que han hecho raíces profundas, van a tratar de luchar en contra de la verdad que tú estás orando. No te rindas ante esos pensamientos, ni dejes de orar. Al contrario, sigue orando estas oraciones sobre tu vida hasta que los principados y potestades sean demolidos completamente. Tus palabras son como una bola demoledora, y algunas veces tú tienes que seguir golpeando los principados y potestades hasta que se colapsen completamente. No dejes de orar, sino hasta que tengas una completa victoria. Debes aumentar el conocimiento de la Palabra de Dios, por medio de añadir tus propios versículos y tus oraciones personales. ¿Cómo vas a poder conocer si esto está funcionando? Los principados y potestades han sido destruidos cuando tú ya puedes sentir una completa paz. La paz viene cuando la guerra ha terminado. Es un gran sentimiento.

La paz viene cuando la guerra ha terminado. Es un gran sentimiento.

No te conviertas en una persona complaciente. Aún después de que los principados y potestades han sido derrotados, es muy buena idea seguir declarando esos pasajes en voz alta, como

la medicina preventiva para mantenerte sano, y evitar que vuelvan a reconstruirse. De la misma forma como el hecho de tomar la vitamina C va a edificar tu inmunidad cuando tú te encuentras a sano, las Satans Escrituras van a guardar tu corazón y tu mente en contra de los futuros ataques del diablo.

Julia asistió a mi iglesia por primera vez, cuando tenía una depresión muy profunda y pensamientos de suicidio. Ella era una madre soltera, y la relación que había tenido con su novio había terminado, haciendo que ella perdiera toda esperanza de poder tener una vida mejor, y sintió que Dios la había abandonado completamente. Ella era un manojo de nervios. Julia no sabía qué esperar de nuestra iglesia, pero ella aceptó a Cristo Jesús en su corazón esa misma noche. Por primera vez en mucho tiempo, un rayo de esperanza penetró las tinieblas de su mundo tambaleante. Sus problemas no terminaron de inmediato, pero a medida que ella buscó a Dios fielmente en nuestra iglesia, su forma de pensar comenzó a fortalecerse. Por medio de las enseñanzas de la Biblia, ella aprendió cómo hacer las oraciones correctas sobre su vida. En un corto tiempo, su depresión se había ido por completo. Desde entonces, Julia llegó a casarse con un hombre maravilloso, y muy temeroso de Dios, y ella ahora dirige nuestro ministerio de oración y es la pastora de nuestros jóvenes. Ella ha avanzado un largo trecho, ¡y tú puedes hacer lo mismo!

En todos mis años de ministerio, yo nunca he visto a ninguna persona que ha practicado estos pasos, fracasar en demoler los principados y potestades que se encuentren en su mente.

Capítulo dieciséis

El juicio final de Satanás

Una pequeña niña se me acercó con una mirada muy seria. Sus ojos cafés, mostrando interrogación, pudieron dejar ver la seriedad de su pregunta: "Pastor Brown, ¿Por qué Dios simplemente no mató al diablo?"

Aunque su pregunta trajo una sonrisa, yo me di cuenta de la forma en que su pregunta tocó el corazón de este asunto relacionado con la guerra espiritual. Casi todo mundo se pregunta: *¿Por qué es que Dios dejó al diablo aquí para darnos todo tipo de problemas?* Dios entiende nuestra difícil situación, y por lo tanto, ¿cómo podemos disfrutar de una verdadera comunión con Dios, siendo que el diablo nos está atacando constantemente?

No es la voluntad eterna y definitiva de Dios que nosotros tengamos que estar involucrados por el resto de nuestras vidas en la guerra espiritual. Con este objetivo, Dios ha planeado "ese día final" para el diablo, los demonios, y los ángeles caídos, donde todos éstos van hacer juzgados eternamente y removidos de cualquier influencia que hayan tenido sobre nuestra vida. Los demonios reconocen esta verdad, porque ellos en una ocasión le gritaron a Cristo Jesús,

"¿Qué tenemos que ver contigo, Hijo de Dios? ¿Has venido aquí para atormentarnos antes del tiempo?" (Mateo 8:29). Ellos saben que existe un tiempo predeterminado para su juicio eterno.

El diablo también sabe que el tiempo se acerca cuando él ya no va a ser capaz de engañar a las naciones. Apocalipsis 20:2–3 dice,

> Prendió al dragón, la serpiente antigua, que es el Diablo y Satanás, y lo ató por mil años; y lo arrojó al abismo, y lo cerró y lo selló sobre él, para que no engañara más a las naciones, hasta que se cumplieran los mil años; después de esto debe ser desatado por un poco de tiempo.

Y después de que se terminen estos mil años,

> Y el diablo que los engañaba fue arrojado al lago de fuego y azufre, donde también están la bestia y el falso profeta; y serán atormentados día y noche por los siglos de los siglos.   (Apocalipsis 20:10)

¡Este es el juicio final en contra de Satanás! Nunca más ni él ni sus ángeles caídos van a poder seguir engañando al mundo. Vamos a estar viviendo en un lugar maravilloso eternamente—un paraíso, sin ningún tipo de guerra espiritual.

"Ese día final" todavía no ha llegado.

Es muy interesante poder notar que en el mismo día en que el diablo es echado al lago de fuego, toda la tierra va a ser juzgada. (Favor del versículo 12). Esto significa que el día del juicio va a ser para todo el mundo, así como también para el diablo. La intención de Dios es que el diablo se quede aquí hasta que nosotros hayamos completado nuestra misión terrenal. Por lo tanto, el juicio de Dios se encuentra ligado a la fidelidad que mostremos para con Dios.

Debido a que Dios es muy bueno, Él no puede tentarnos. *"Que nadie diga cuando es tentado: 'Soy tentado por Dios'; porque Dios no puede ser tentado por el mal y Él mismo no tienta a nadie"* (Santiago 1:13).

En el jardín del Edén, fue el diablo, y no Dios, quien sugirió que Adán y Eva deberían comer el fruto prohibido. Es el diablo el que trae las pruebas y las tentaciones de la vida, y yo creo que Dios le permite al diablo probarnos. Nosotros no podemos encarar ningún tipo de juicio hasta que hayamos podido encarar las pruebas, y que hayamos probado nuestra fidelidad hacia Dios. En su sabiduría, Dios le permite al diablo que se quede aquí con el propósito de probar nuestra fidelidad, y para santificarnos.

La intención de Dios es que el diablo se quede aquí hasta que nosotros hayamos completado nuestra misión terrenal. Por lo tanto el juicio de Dios se encuentra ligado a la fidelidad que tengamos hacia Él.

La escuela de la guerra espiritual

Y estas son las naciones que el Señor dejó para probar con ellas a Israel, es decir, a los que no habían experimentado ninguna de las guerras de Canaán (esto fue sólo para que las generaciones de los hijos de Israel conocieran la guerra, aquellos que antes no la habían experimentado).

(Jueces 3:1–2)

Dios dejó enemigos en la tierra a fin de poder enseñar las artes de la guerra al pueblo de Israel. Ellos tenían que aprender la forma de poder tener valor, poder responder al llamado del deber, tener habilidad en el manejo de las armas, arriesgar sus vidas en la batalla, y depender del poder de Dios para su completa victoria. De la misma manera que con Israel, Dios dejó al diablo aquí con todas sus huestes, para que todos los creyentes puedan aprender la forma en que deben librar la guerra espiritual. Mientras que debemos tratar de evitar la *guerra natural* siempre que esto sea posible, podemos aprender bastante acerca de la *guerra espiritual*.

Tu tal vez puedas decir, "¿para qué necesito aprender las técnicas de la guerra espiritual?" Permíteme compartir lo que estas siete lecciones de la guerra espiritual te van a poder enseñar.

1. Enseña a escoger el bando por el cual vas a pelear.

Después del día 11 de septiembre, el presidente George Bush le dijo al mundo, "Ustedes, o están con nosotros, o están a favor de los terroristas". Se fijó una línea de definición en la arena. Por supuesto, tú no puedes marcar una línea si no existe oposición alguna. Sin el diablo, tú no tendrías ninguna opción. Por medio de permitirle al diablo que esté aquí, Dios le da a la humanidad una opción: Tú estás conmigo, o tú estás con el diablo.

Dios no quiere que nadie lo esté adorando a Él forzosamente. Dios no quiere ninguna adoración, a menos que tú quieras y escojas adorarlo a Él. No existe opción alguna cuando solamente existe una sola opción.

En marzo de 2008, Rusia eligió a Dimitri Medvedev como su nuevo presidente. Esto de ninguna manera fue una elección real. Él fue el único nombre disponible en las elecciones. Para que exista una verdadera elección, la gente debe de tener opciones legítimas. Las elecciones son una farsa cuando los votantes carecen de opciones. Aún cuando la gente está tomando la decisión equivocada, de todas formas, esto implica hacer una elección.

Dios no quiere que nadie lo adore forzosamente. Él no quiere ninguna adoración, a menos que tú escojas adorarlo a Él.

Dios tomó un gran riesgo por medio de permitirle al diablo que tentara a la primera pareja, y después, al resto de la humanidad. El hecho de que tantas gentes han escogido seguir al diablo, es prueba de que Dios permitió una elección legítima para tentarnos. A medida que comenzamos a involucrarnos en la guerra espiritual, vamos a ser confrontados con una elección—existe la necesidad de formar parte de alguno de los dos bandos. ¿Acaso vamos a formar parte del bando del diablo, o vamos a formar parte de Dios?

Durante la Guerra Civil, el presidente Abraham Lincoln recibió una pregunta con relación a que sí acaso él pensaba que Dios estaba de su lado. El respondió en forma muy sabia, "La pregunta no es si Dios está de mi lado, sino si yo me encuentro del lado de Dios", y esta es la pregunta que la guerra espiritual contesta para nosotros.

2. Te enseña a través de tus propios errores.

"Y estas son las naciones que el SEÑOR dejó para probar con ellas a Israel, es decir, a los que no habían experimentado ninguna de las guerras de Canaán" (Jueces 3:1). En la guerra espiritual vamos a encarar pruebas. Va a haber ocasiones cuando vamos a perder la batalla por un breve periodo de tiempo. Ha sido dicho, "Tú aprendes más de tus derrotas que de tus victorias". Tú puedes aprender a través de tus errores. Después de tomar una prueba y recibir los resultados, ¿qué es lo que tú notas más que cualquier otra cosa? Tú notas las marcas en rojo que están subrayando todos tus errores. Tu atención se dirige de inmediato a tus respuestas equivocadas más que a las respuestas correctas. Esto es lo que la guerra espiritual te va a enseñar.

Las pruebas revelan lo que realmente sabes.

Yo tomé el examen para ser un piloto para la Administración Federal de Aviación (FAA) y pase el examen. Cuando me estaba preparando para este examen, yo tomé un curso de enseñanza en DVD. Aunque yo pude aprender bastante de todas estas lecciones, la parte que más me ayudó de todo este curso que estaba yo tomando, fueron todas las pruebas de muestra que había en él. Me hacían preguntas y yo podía marcar mis respuestas. A medida que regrese una y otra vez para corregir los exámenes, la respuestas equivocadas hicieron un mayor impacto en mi aprendizaje que las respuestas correctas. Yo nunca di una respuesta incorrecta a ninguna pregunta más de una vez. Cuando yo regresaba y escuchaba las mismas lecciones, yo era capaz de entender todo mucho mejor. La única manera en que yo pude aprender mucho más, fue por medio de tomar esos exámenes.

Lo mismo se aplica y es verdad con relación a la guerra espiritual. Son las pruebas que tomamos. Después de pasar finalmente las pruebas, y de ganar la victoria, podemos regresar a la Palabra de Dios y escuchar una vez más todas Sus enseñanzas, y vamos a comprender mucho mejor debido a las pruebas que tomamos. Esto realmente te va a enseñar todo aquello que existe dentro de tu corazón.

3. Te enseña a ser más agradecido y más humilde.

> *Y el SEÑOR tu Dios echará estas naciones de delante de ti poco a poco; no podrás acabar con ellas rápidamente, no sea que las bestias del campo lleguen a ser demasiado numerosas para ti.*
>
> (Deuteronomio 7:22)

Los israelitas no disfrutaron el hecho de entrar a la tierra prometida, la cual estaba llena de enemigos. De la misma forma, nosotros tal vez no vamos a poder disfrutar el hecho de haber entrado en nuestra salvación, siendo que todavía tenemos que enfrentar a los enemigos del medio ambiente espiritual. Sin embargo, Dios revela los beneficios de permitir que nuestros enemigos permanezcan en la tierra, por medio de sugerir que ellos van a mantener a los animales salvajes en una forma en que no puedan multiplicarse.

Si no tuviéramos que pelear en contra del diablo, entonces tendríamos que encarar problemas mucho más profundos y mucho más peligrosos, tales como el orgullo, la pereza, la indiferencia, la codicia, y todo un sinnúmero de pecados

Si no tuviéramos que pelear en contra del diablo, entonces tendríamos que encarar problemas mucho más profundos y mucho más peligrosos, tales como el orgullo, la pereza, la indiferencia, la codicia, y un sinnúmero de muchos otros pecados carnales.

carnales. El tiempo de paz hace que un ejército se suavice y se debilite. La guerra espiritual hace que nosotros estemos más vigilantes. Va a hacer que nos humillemos delante de Dios, a medida que encaramos a nuestros enemigos espirituales.

La guerra se convierte en un proceso de sacudimiento, de la misma forma como lo fue para Pedro, cuando el diablo le pidió a Jesús si él podía sacudir a Pedro "*como a trigo*" (Lucas 22:31). Tú no puedes comer la hierba silvestre, y por lo tanto tiene que ser "sacudida" del resto del trigo. De la misma manera sucede con nuestra vida. Tenemos cosas muy feas dentro de nuestro corazón, que sólo la guerra espiritual puede echar fuera. Sin las dificultades, nos convertiríamos en personas muy orgullosas, arrogantes, y sin ninguna compasión por los demás. Cuando encaramos pruebas espirituales, esto nos humilla. Dios sabe qué tanta victoria podemos aguantar antes de que esto pueda dañarnos realmente.

4. Te enseña a poder apreciar los sufrimientos de nuestro Señor Jesucristo.

Sed de espíritu sobrio, estad alertas. Vuestro adversario, el diablo, anda al acecho como león rugiente, buscando a quien devorar. Pero resistidle firmes en la fe, sabiendo que las mismas experiencias de

sufrimiento se van cumpliendo en vuestros herma-
nos en todo el mundo.   (1ª Pedro 5:8–9)

Existe una palabra que describe el efecto la guerra espiritual: sufrimiento.

La gente que aprecia mucho más el sufrimiento de la carrera militar, son aquellos que de hecho han servido en el ejército. Existe una camaradería, y una increíble entrega entre los soldados. De la misma manera, cuando atravesamos por la guerra espiritual, y experimentamos el sufrimiento que va junto con esto, vamos a poder apreciar en forma más completa el sufrimiento que atravesó nuestro Señor Jesucristo.

El hecho de poder apreciar el sufrimiento de nuestro Señor Jesucristo te va a dar el valor para poder pelear. Te va a dar la médula que se necesita para poder sacrificar cualquier cosa por causa del Evangelio. Los lugares que han experimentado un gran avivamiento, también son los lugares que han experimentado un gran conflicto espiritual. Tal vez ésta es la razón por la cual las iglesias en el mundo que experimentan la más grande persecución por su fe, también experimentan el mayor crecimiento y la provisión más milagrosa. Podemos escuchar sus historias y preguntarnos, dentro de nuestra relativa seguridad, si nosotros también, podríamos ser capaces de pararnos en contra de todo este tipo de opresión. Su valor es el resultado directo de haber podido apreciar los sufrimientos de nuestro Señor Jesucristo.

5. Te enseña a depender completamente en Dios y no en ti mismo.

De hecho, dentro de nosotros mismos ya teníamos
la sentencia de muerte, a fin de que no confiáramos

> *en nosotros mismos, sino en Dios que resucita a los*
> *muertos.*   (2ª Corintios 1:9)

> *Por lo demás, fortaleceos en el Señor y en el poder*
> *de su fuerza.*   (Efesios 6:10)

Muy frecuentemente, nos engañamos a nosotros mismos, por medio de pensar que tenemos la habilidad natural para poder confrontar cualquier tipo de asuntos, sólo para llegar a darnos cuenta, de que los problemas que encaramos son mucho más grandes que nuestras habilidades humanas. En nuestra desesperación, es hasta el final que volteamos a buscar el poder de Dios como una respuesta. La guerra espiritual te va a enseñar a confiar en Dios y no en ti mismo.

No queremos ser fuertes solamente en nosotros mismos, sino en el Señor Jesucristo y en Su omnipotente poder. Es imperativo que dependamos en Dios para poder vencer al diablo, porque no existe ningún poder natural que pueda derrotarlo.

Es imperativo que dependamos de Dios para poder vencer al diablo, porque no existe ningún poder natural que pueda derrotarlo.

A un fotógrafo le ordenaron sus jefes del periódico que tomara fotografías de los incendios forestales tan feroces que se habían prendido en el sur de California. Le dijeron que iba a haber un pequeño avión esperándolo en el aeropuerto. Cuando llegó al aeropuerto, él vio a un hombre que estaba parado junto al avión así que él se apresuró, diciendo, "¡apúrese vamos retrasados!" Estando a una altitud de cómo cinco mil pies, el fotógrafo le dijo al piloto que lo llevará mucho más cerca a las llamas.

"¿Acaso no es eso muy peligroso?" contestó el piloto.

"Vamos, vamos hombre, tú puedes hacerlo", dijo el fotógrafo, sacando su cámara.

El piloto miró la cámara que se encontraba en las manos del fotógrafo y le preguntó, "Oye, tú eres mi instructor, ¿o no?"

La guerra espiritual no es ningún asunto de broma. Cuando tú te encuentras en el asiento del piloto, más que vale que estés dependiendo en Dios y no en ti mismo.

6. Te enseña que Dios se siente muy orgulloso de ti.

El diablo constantemente estuvo acusando a Job de que le faltaba carácter. Pero después de que Job atravesó fielmente cada una de sus pruebas, esto le mostró al diablo que tan orgulloso se sentía Dios de Job. Dios le dijo el diablo, "*¿Te has fijado en mi siervo Job?*" (Job 1:8, 2:3). A Dios le encanta presumir acerca de Sus hijos en frente del diablo.

Nada le más orgullo a un padre que poder ver a sus hijos en la forma como derrotan a un oponente, ya sea que se trate de un evento deportivo, un concurso en la escuela, o cualquier otro tipo de competencia. Cuando yo tenía once años, mi entrenador de béisbol me llamó para sustituir al pitcher abridor durante un juego de pelota. Todas las bases estaban llenas, y había dos outs en la pizarra, y estábamos ganando por una carrera. ¡Yo ponché al bateador y ganamos el partido! El entrenador puso un brazo alrededor de mi, miro a mi padre, y dijo, "Tom ganó este encuentro para nosotros el día de hoy". Yo todavía puedo recordar la sonrisa que se formó en el rostro de mi padre. El estaba sonriendo de oreja a oreja. Es la forma como Dios se siente cuando nosotros derrotamos al diablo.

7. Te enseña la victoria personal.

Y el Dios de paz aplastará pronto a Satanás debajo de vuestros pies. (Romanos 16:20)

> **Dios no aplasta al diablo con Sus pies, sino con tus pies.**

Dios no aplasta al diablo con Sus pies, sino con *nuestros* pies. Observar un encuentro de pelota es algo muy excitante, pero jugar en él, es mucho más recompensador. Si Dios hubiera removido al diablo de en medio de nosotros, entonces nosotros nunca hubiéramos gozado del sentimiento de ponerlo debajo de vuestros pies. Una de las razones que Dios le permite que permanezca aquí, es para darnos ese sentimiento de victoria cada vez que lo derrotamos.

Los setenta y dos discípulos se emocionaron grandemente cuando pudieron ver que los demonios se sometían a ellos en el nombre de Jesús. (Favor de ver Lucas 10:17). No existe una aventura espiritual que tú puedas apreciar más, que poder observar al diablo y a sus demonios huyendo de ti. Dios quiere compartir con nosotros nuestras victorias sobre el diablo, por medio de permitirnos castigarlo con la autoridad que Dios mismo nos ha dado.

Justin siempre había querido tener una casa en un árbol, así que él le rogaba a su padre que le construyera una. Su padre finalmente asintió a hacer esto, y comenzó a trabajar en ello. Justin observó desde su ventana mientras que su padre se iba a trabajar. Después de dos semanas, la casa estaba terminada.

En otra familia, Caleb también quería una casa en un árbol. Su padre también asintió en construir una, pero sólo si contaba *con* la ayuda de Caleb. Con todo, ellos reunieron todos los materiales, tomaron turnos para cortar la madera, y tomaron turnos para clavar todos los clavos. Después de dos semanas, la casa en el árbol estaba completamente terminada.

¿Cuál de estos dos muchachos crees tú que apreció la casa del árbol mucho más? Ciertamente, fue Caleb, quien construyó la estructura juntamente con su padre. Él sintió un verdadero sentimiento de realización. Esto es exactamente lo que Dios quiere que cada uno de nosotros sintamos. El podía haber derrotado al diablo sólo, y sin ayuda de nosotros, y sin contar para nada con nuestra participación; al contrario, Dios prefiere cuando nosotros le ayudamos a terminar el trabajo de derrotar al diablo.

El paraíso

A medida que tú consideras los pensamientos y las ideas que has leído en este libro, tú tal vez vas a encontrarte a ti mismo con muchas más preguntas que todavía están buscando una respuesta. Tú tal vez te sigas preguntando si alguna vez vas a ser capaz de derrotar alguna situación en particular.

Hijo o hija de Dios, Dios está contigo en este mismo momento. No existe problema alguno para el cual Dios no tiene la solución lista para ti. En tu lucha en contra de las fuerzas espirituales de maldad, tú vas a aprender bastante acerca

Aunque la guerra espiritual no es un placer cuando nos encontramos en medio de ella, la victoria es algo tan dulce, una vez que todo se ha acabado.

de ti mismo, y acerca del gran amor que Dios tiene para ti. Además de esto, tú vas a experimentar un sentimiento personal de victoria, cada vez que tú ganes las batallas espirituales en tu vida, con la ayuda de tu Padre Celestial.

Aunque la guerra espiritual no es un placer cuando tú te encuentras en medio de ella, la victoria es algo tan dulce una vez que se ha acabado todo. Toma placer en el hecho de que no siempre vamos a estar peleando una batalla espiritual. El tiempo se acerca cuando el diablo y todas sus huestes finalmente van a ser juzgadas para siempre. *"El que tiene oído, oiga lo que el Espíritu dice a las iglesias. Al vencedor le daré a comer del árbol de la vida, que está en el paraíso de Dios"* (Apocalipsis 2:7). Tu obligación es muy simple: tienes que vencer. Como vencedor, tú vas a poder mirar hacia atrás en el tiempo, al pasado, y te vas a dar cuenta de que toda la lucha, todo el esfuerzo, y todas las lecciones que aprendiste valieron la pena.

Acerca del autor

Tom Brown es mucho mejor conocido por su ministerio de liberación. Millones han podido verlo en los programas de televisión de ABC, 20/20, así como en MSNBC, y en el Canal de la Historia. El es un conferencista y orador muy notable, autor muy exitoso y dedicado pastor. Su dirección en la Internet, la cual ha ganado muchos reconocimientos, que es www.tbm.org, alcanza más de un millón de gentes cada año. Tom vive en El Paso, Texas, con su hermosa esposa y sus hijos maravillosos.

10 Maldiciones que Bloquean la Bendición
Larry Huch

Sufre usted de depresión, disfunción familiar, infelicidad conyugal u otros problemas y no puede superarlos? En las páginas de este innovador libro, 10 Maldiciones que Bloquean la Bendición, Larry Huch comparte su experiencia personal con una vida de enojo, drogadicción, crimen y violencia. Él muestra cómo rompió esas maldiciones, y, revela cómo usted puede reconocer las señales de una maldición, ser libertado de las maldiciones generacionales, y poner fin a los ciclos de abuso y violencia. Usted no tiene que batallar más. Decídase a revolucionar su vida. ¡Usted puede darle marcha atrás a las maldiciones que bloquean sus bendiciones!

ISBN: 978-0-88368-585-3 • Rústica • 256 páginas

WHITAKER
HOUSE

Lucifer al Descubierto
Derek Prince

Satanás, el arcángel caído, desea nada más que ganar la lealtad, los corazones y las mentes de toda la raza humana—¡y no se rendirá en su intento para ganárselo a usted! Derek Prince expone el arma más grande de Satanás para esclavizar y atar al humano común. Satanás intenta seducir a los cristianos para que no alcancen su máximo potencial, también intenta distraer a todo ser humano para que no siga a Dios. ¿Lucha usted—o alguien que usted conoce—con el abuso, la pornografía, la adicción, la glotonería u otras cosas? Use el arsenal para la guerra espiritual revelado en este libro irresistible, y, ¡la victoria será suya!

ISBN: 978-0-88368-941-7 • Rústica • 160 páginas

WHITAKER
HOUSE

Proteccion contra el Engaño
Derek Prince

Según Escritura, los signos y las maravillas sobrenaturales multiplicarán como nosotros nos acercamos los tiempos finales. Dios no es el único con un plan, sin embargo—Satanás trama para engañar creyentes con signos y maravillas sobrenaturales suyos. Con engaños implacables, el diablo trata de mantenernos del amor y protección divinos de Dios. ¿Pero qué podemos hacer nosotros? En la Protección contra el Engaño, renombrado de erudito de Biblia Derek Prince le equipará para probar la fuente de signos y maravillas sobrenaturales, discierne la verdad de la mentira, se distingue entre el Espíritu Santo y espíritus falsificados, e interrupción liberta de las fortalezas de Satanás. ¡Usted, también, puede destapar las estrategias de enemigo, entran efectivamente en batallas espirituales—y la victoria!

ISBN: 978-1-60374-065-4 ♦ Rústica ♦ 240 páginas

WHITAKER
HOUSE

"Si me pedís algo en mi nombre, yo lo haré."
Juan 14:14

EL PODER DE TUS PALABRAS

BEST SELLER A NIVEL NACIONAL

El Poder de Tus Palabras
Don Gossett & E. W. Kenyon

Con capítulos dinámicos escritos por E. W. Kenyon y Don Gossett, ¡este libro lo ayuda a darse cuenta de que no hay nada que iguala *El Poder de Tus Palabras*! Si usted falta algo o falla de lograr lo que usted dice que usted hará, entonces el problema puede estar en lo que usted confiesa y cree. Descubra cómo ganar maestría sobre las palabras que salen de la boca tan ellos forman fila con la Palabra de Dios, y aprenden a agarrarse bien a su profesión de fe aún ante contradicciones aparentes.

ISBN: 978-1-60374-104-0 ◆ Rústica ◆ 224 páginas

WHITAKER
HOUSE

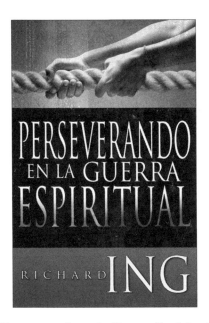

Perseverando en la Guerra Espiritual
Richard Ing

El Dr. Richard Ing comparte su extensa experiencia mundial contra los poderosos enemigos invisibles. Él expone cómo derrotar los engaños usados por Satanás, cuyo plan es destruir su cuerpo, alma y espíritu. Él también demuestra cómo equiparnos para la batalla espiritual, y, cómo ministrar a los oprimidos. Al ejercer la autoridad que Dios le ha dado, usted descubrirá que tiene más poder que Satanás. Entonces, eficazmente bloqueará los ataques del diablo y logrará la victoria.

ISBN: 978-1-60374-049-4 • Rústica • 192 páginas

WHITAKER
HOUSE

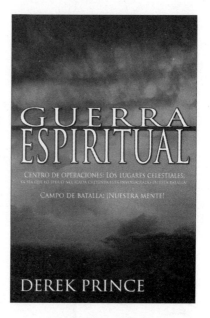

Guerra Espiritual
Derek Prince

Resista los ataques del enemigo. Derribe las fortalezas del enemigo. Derek Prince explica acerca de la batalla que se está librando ahora mismo entre las fuerzas de Dios y las fuerzas del mal. Escoge estar preparado al aprender acerca de las estrategias del enemigo para que así pueda eficazmente bloquear su ataque. Tenemos a Dios de nuestro lado, y, nada nos detendrá de lograr la victoria. Descubra cuál es la clave para obtener la victoria contra el enemigo.

ISBN: 978-1-60374-039-5 ✦ Rústica ✦ 144 páginas

WHITAKER
HOUSE